Inhalt

Kartenverzeichnis

Inmitten der idyllischen Landschaft verbarg sich unter der harmlosen Bezeichnung „Dienststelle Marienthal" (in dem Gebäude vorne rechts war die Verwaltung untergebracht) eines der bestgehüteten Geheimnisse der Bundesrepublik. Oberhalb des

Der Regierungsbunker und seine Geschichte

von

Heinz Schönewald

7. überarbeitete Auflage

www.gaasterland-verlag.de

Fotos: Farbabbildungen soweit nicht anders angegeben

Titelfoto: halb geöffnetes MAN-Tor, Sascha Kelschenbach

Alle Angaben wurden sorgfältig recherchiert und überprüft. Sollten Sie dennoch einen Fehler feststellen, bitten wir um einen Hinweis. Der Verlag übernimmt keine Haftung für falsche Informationen.

ISBN 978-3-935873-74-1

Dokumentationsstätte Regierungsbunker

Ausgezeichnet mit dem
europäischen Kulturpreis

„Europa Nostra 2009“

Bereits 1963 wurde Europa Nostra als europäischer Denkmalschutzverband mit Sitz in Den Haag gegründet. Heute vertritt er über 400 Nichtregierungsorganisationen und Privatpersonen gegenüber der EU, dem Europarat und der UNESCO. Europa Nostra versteht sich als internationale Plattform für Denkmalschutzfragen in Europa und vergibt jährlich Auszeichnung für herausragende Leistungen bei der Erhaltung des europäischen Kulturerbes.

13

ehemaligen Klosters Marienthal befanden sich die Eingänge zu den Bauteilen II (Kuxberg-Tunnel „Ost/West“, im Foto ist ganz links der sogenannte „Tower“ sichtbar) und III (Trotzenberg-Tunnel „West/Ost“)

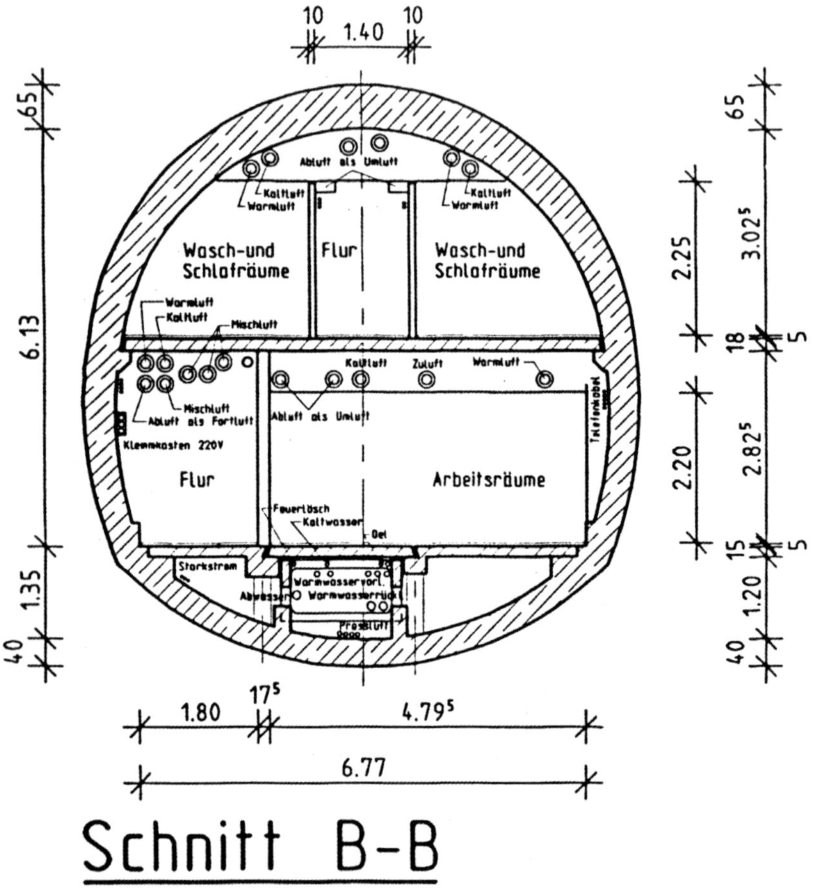

Profil eines Eisenbahntunnels in seiner Nutzung als Ausweichsitz. (Quelle: Bundesamt für Bauwesen und Raumordnung)

Vom Eisenbahntunnel zum Ausweichsitz

An keinem zweiten Bauwerk der jüngeren deutschen Geschichte lässt sich der Kalte Krieg besser nachvollziehen, als an dem tief unter dem Ahrgebirge gelegenen ehemaligen Regierungsbunker. Rasch ruft der „Ausweichsitz der Verfassungsorgane des Bundes im Krisen- und Verteidigungsfall zur Wahrung von deren Funktionstüchtigkeit" (AdVB) Schlagworte wie Kuba-Krise, Flexible Response, NATO-Doppelbeschluss oder Neutronenwaffen in Erinnerung. Auch die Namen beteiligter Politiker wie Kennedy, Reagan, Adenauer, Schmidt, Kohl, Chruschtschow oder Gorbatschow werden augenblicklich wieder präsent.

Das bauliche Grundgerüst der Bunkeranlage bildeten zwei bei Baubeginn rund 45 Jahre alte Reichsbahntunnel aus der Kaiserzeit, der Kuxberg- und der Trotzenbergtunnel mit einem Durchmesser von jeweils sieben bis acht Metern. Mit einem Investitionsvolumen von 2,4 Milliarden EUR, die im Bundeshaushalt nur verdeckt dargestellt waren, wurden die beiden, rund drei Kilometer langen Tunnel zu einer Hochsicherheitszone umgebaut, die über einen 60 Meter tiefer gelegenen Verbindungsgang unter dem Marienthaler Hubachtal sogar miteinander verbunden waren.

Bis 1971 schufen fast 20.000 Personen (Ingenieure, Sprengmeister, Bergarbeiter, Betonbauer, Elektriker, Klimatechniker und andere Facharbeiter) in den Ahrbergen zwischen Dernau und Ahrweiler ein gewaltiges Bauwerk von exakt 17,336 Kilometern Länge, das bei einem etwaigen ABC-Angriff im Kalten Krieg der Bonner Bundesregierung und weiteren höchsten Bundesorganen, wie dem Karlsruher Bundesverfassungsgericht, Schutz bieten sollte. Maximal einen Monat war das Überleben für 3.000 Bewohner hier gesichert, basierend auf der 30-Tage-Überlebensregel nach der Atombombe von Hiroshima. Gedanken und Überlegungen zum 31. Tag (und folgende) hingegen waren tabu. Die schutzlose Bevölkerung außerhalb des Bunkers wäre ohnehin spätestens vier Tage nach Beginn eines ABC-Angriffs ausgelöscht gewesen. Das unter den Tarnnamen „Rosengarten", „THW 1" und „THW 2" geführte weiträumige Bauwerk gehörte fast vier Jahrzehnte zu jenen Orten innerhalb der Bundesrepublik Deutschland, die der höchsten Geheimhaltungsstufe unterlagen.

Nach dem ab 2001 erfolgten fast fünfjährigen Rückbau sind heute rund 203 Meter des einstigen Komplexes als „Dokumentationsstätte Regierungsbunker" für Besucher geöffnet. Der weit umfangreichere restliche Teil der entkernten Anlage ist hingegen heute nicht mehr zugänglich.

Seit 1972 verläuft etwa 100 Meter über der Anlage der bekannte Rotweinwanderweg, durch die Weinlagen von Ahrweiler, Walporzheim, Marienthal und Dernau.

Der Bahnhof in Mayschoß mit dem noch eingleisigen Streckenverlauf (Postkarte, um 1910)

Ruhr-Mosel-Entlastungslinie

Die Ausgangsbasis für den Bunker bildeten zwei Tunnel einer unvollendeten Strecke der Deutschen Reichsbahn. Im Wilhelminischen Kaiserreich eroberten sich die beiden großen Industrieräume im Westen, das Kohlerevier an der Ruhr, sowie das seit 1871 zum Deutschen Reich gehörige Elsass-Lothringen, rasch die beiden oberen Spitzenpositionen im Ranking der deutschen Volkswirtschaft.

Das neben der Binnenschifffahrt führende logistische System für den Gütertransport war das 1879 durch Bismarck verstaatlichte Streckennetz der Deutschen Reichsbahn. Über die Gleise der Bahn wurden allein 1913 rund 35 Mio. Tonnen Rohstoffe und Produktionsgüter aus dem Ruhrgebiet und rund 20 Mio. Tonnen aus Elsass-Lothringen transportiert. Dem steigenden Massengüteraufkommen zwischen diesen rund 500 Kilometer voneinander entfernt liegenden Industrieräumen war das vorhandene Streckennetz der Reichsbahn schon bald nicht mehr gewachsen. Insbesondere die Überlastung des Verkehrsknotenpunktes Köln, sowie die nur partiell viergleisig ausbaufähigen Strecken im Moseltal bildeten große Schwachstellen an der Streckenführung.

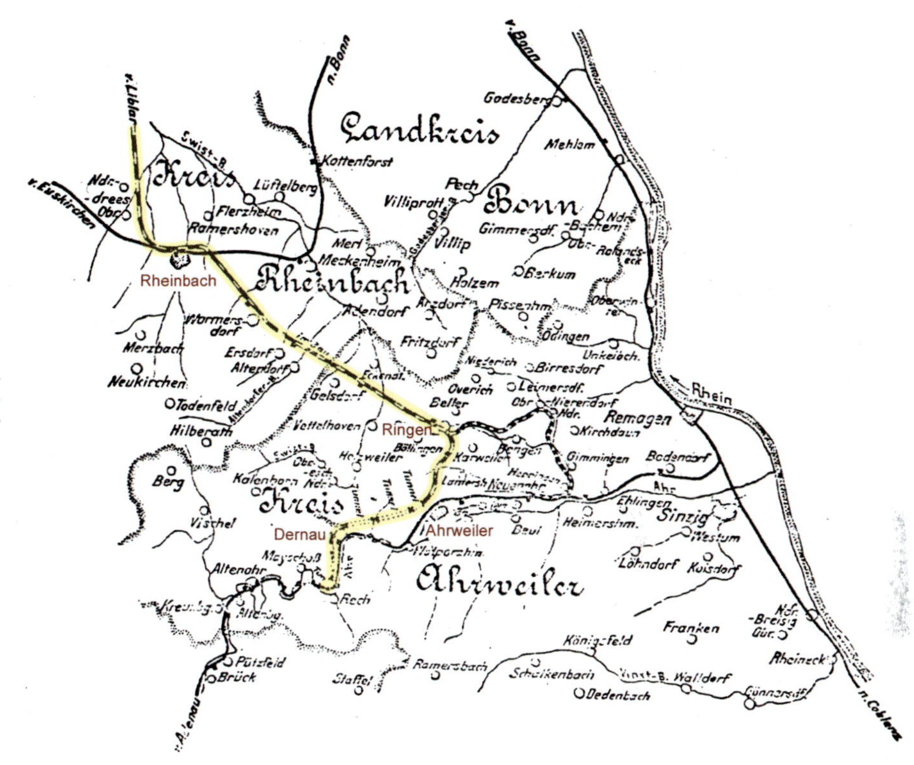

Kartenanlage (farbige Einträge vom Verlag) zum Gesetz vom 6. Februar 1915 „1. Ausbau der Hauptbahn von Liblar nach dem Ahrtal (Dernau) durch Herstellung einer Abzweigung von Ringen nach Neuenahr." (Vorlage aus: Kemp, Klaus: Die Ahrtalbahnen, 1983.)

Bereits kurz nach der Jahrhundertwende wurde daher über den Bau einer zweigleisigen Ruhr-Mosel-Entlastungslinie ab Essen über Krefeld, Neuss und weiter über Liblar bis Rheinbach, von dort weiter nach Rech/Ahr und die Ahr-Eifelbahnen nach Saarbrücken und Metz, diskutiert. Über die Strecke sollten Eisenerze aus Lothringen („Minette") ins Steinkohlenrevier der Ruhr und in umgekehrter Richtung Koks von der Ruhr nach Lothringen befördert werden.

Die Planungen für das Projekt hatten allerdings nicht nur volkswirtschaftliche Gründe. Auch aus militärischer Sicht bestand ein großes Interesse. So war die Streckenplanung unter anderem Bestandteil des in den Jahren 1892 bis 1905 entworfenen strategisch-operativen Plans von Generalfeldmarschall Alfred Graf von Schlieffen (Schlieffen-Plan). Dieser sah die Möglichkeit eines Zweifrontenkriegs mit den Nachbarstaaten Russland und Frankreich vor. Mit dem Bau der Eisenbahnlinie war eine wichtige Transportverbindung zur Westfront gegeben.

1904 bildete sich aus Städten und Gemeinden der beteiligten Landkreise Euskirchen, Rheinbach und Ahrweiler ein erster Planungsausschuss unter Vorsitz des

Ansicht auf Altenahr mit Burg Are und den Gleisanlagen (colorierte Postkarte)

Rheinbacher Bürgermeisters Carl Commeßmann. Ganz im Gegensatz zu anderen betroffenen Anrainern stieß das Bauvorhaben im Ahrtal nicht nur auf ungeteilte Zustimmung. Am 22. März 1913 erging eine Petition des Ahrweiler Stadtrats nach Berlin, die eine Verlegung der geplanten Bahnstrecke zum Ziel hatte. Man sah hierin eine mögliche Schädigung des Weinbaus und eine Verunstaltung des Landschaftsbildes.

Die Euskirchener Volkszeitung vom 25.03.1913 schreibt hierzu:
Rheinbach, 20. März. Der Unwille der in den Kreisen Euskirchen - Rheinbach und Ahrweiler wohnenden und an der Bahnlinie Liblar-Rheinbach-Dernau interessierten Bevölkerung über die Agitation gegen die Einmündung der neuen Linie bei Dernau - Rech in die Ahrtalbahn ist in Wallung geraten. Wenn nicht alle Zeichen trügen, wird sich dieser auf etwa 30000 Seelen zu beziffernde Interessentenkreis wie ein Mann erheben, um in Resolutionen und Versammlungen Stellung zu nehmen gegen die Art und Weise, wie eine kleine Gruppe mit der Linienführung Unzufriedener weite Kreise der Provinz für ihre Zwecke mobilisiert. Die links und rechts der 40 Kilometer langen Bahnlinie wohnende landständische Bevölkerung will sich durch Unberufene den Bau der so lange vergeblich erstrebten und nun endlich in das Anleihegesetz gebrachten Bahn, die zur wirtschaftlichen Entwicklung und Aufschließung weiter und kaufkräftiger Gebiete nötig und dienlich ist, nicht gefährden lassen.

Eine Delegation aus der Kreisstadt Ahrweiler reiste eigens in die Reichshauptstadt, musste aber zur Kenntnis nehmen, dass der Widerspruch von der Reichsregierung rasch abgelehnt wurde.

Die Tunnel bei Altenahr von der Ostseite (Postkarte vor 1937)

Im Winter 1913/14 begannen in der Ville die Bauarbeiten an der Strecke. Zu diesem Zeitpunkt war der Ausbau der Strecken vom oberen Ahrtal zur Kyll bereits abgeschlossen.

Für den Abschnitt Rheinbach-Rech begann die Reichsbahn im Frühjahr 1914, nur wenige Monate vor Ausbruch des I. Weltkriegs, mit den notwendigen Vermessungsarbeiten. Die topografischen Besonderheiten am Übergang der hoch gelegenen Zülpicher Börde ins Ahrtal erforderten nicht nur besondere Anstrengungen der Ingenieure, sondern führten im veranschlagten Budget auch zu enormen Mehrausgaben.

Erst durch ein vom Reichstag verabschiedetes Anleihegesetz vom 28. Mai 1913, veröffentlicht im Preußischen Staatsanzeiger Nr. 26, wurde die Berliner Reichsregierung ermächtigt, 32,3 Mio. Reichsmark für den Bau der Haupteisenbahnstrecke von Liblar nach Rech im Staatshaushalt bereitzustellen.

Um auf einer Länge von acht Kilometer einen Höhenunterschied von etwa 100 Metern kreuzungsfrei überwinden zu können, waren zahlreiche Bauwerke notwendig. Hierzu zählten Dämme, Stützmauern, Brücken, Wege und fünf Tunnel.

Die im Oktober 1913 veröffentlichte Linienführung sah im Ahrweiler Adenbachtal einen Viadukt von rund 150 Metern Länge vor. Im Anschluss daran sollte der Silberbergtunnel mit rund 650 Metern Länge folgen, westlich davon der rund 1,3 Kilometer lange Kuxbergtunnel. Ahraufwärts folgten bis Rech noch Tunnel durch die Kuppen von Trotzen-, Sonder- und Herrenberg. Im Ahrweiler Elligtal war eine Blockstelle eingeplant.

Arbeiter am Silberbergtunnel (Foto: Archiv Schönewald)

Mit einer Spitzengeschwindigkeit von 65 Kilometer pro Stunde war die für damalige technische Verhältnisse höchste Leistung bei Güterzügen vorgesehen.

Auch nach Ausbruch des I. Weltkriegs, am 1. August 1914, wurde an der Strecke weitergebaut. Die ausführenden Baufirmen konnten auf zahlreiche im Tunnelbau erfahrene Fachleute, darunter auch italienische und russische Kriegsgefangene zurückgreifen, die sich durch das Grauwacke- und Schiefergesteins des Ahrgebirges voran arbeiteten. Einige der Bauarbeiter blieben nach dem Bahnbau ganz im Ahrtal sesshaft und gründeten hier eigene Familien.

Die Verschalung der Adenbachbrücke war schon fast fertig, als der Baustopp verfügt wurde (Foto: Kreisbildstelle Ahrweiler)

Im August 1916 erfolgte der Durchstich zum 649 Meter langen Silberbergtunnel und kurz vor Weihnachten des gleichen Jahres auch beim 1.273 Meter langen Kuxbergtunnel. Allein die Arbeiten am Kuxbergtunnel nahmen insgesamt 18 Monate in Anspruch.

Noch vor dem Ende des I. Weltkriegs waren alle fünf Tunnel betriebsfertig. Das Regelprofil war eingemessen und die in regelmäßigen Abständen vorgeschriebenen Streckengeher-Nischen waren in der Mauer berücksichtigt worden.

Nach Abschluss des Versailler Friedensvertrags von 1919 war der Weiterbau der Strecke zunächst fraglich. Die ursprünglich zweigleisig geplante Strecke konnte, reduziert auf ein Gleis, schließlich dann doch weitergebaut werden. Eine Inschrift am Portal des Kuxbergtunnel „1915-1920“ dokumentiert die endgültige Fertigstellung der Tunnel.

Im Herbst 1921 startete man den Bau der 150 Meter langen Brücke im Adenbachtal. Im gleichen Jahr begann die Reichsbahn auf der Strecke mit der Verlegung der Schienen, die bis zum Winter 1922/23 auch bis zum Adenbachtal abgeschlossen werden konnte.

Die Siegermächte des I. Weltkriegs hatten 1921 mit dem Aufbau von drei Besatzungszonen im Rheinland begonnen, die jeweils 5, 10 und 15 Jahre andauern sollten. Ahrweiler fiel hierbei in die Zone II, die von Jülich bis Koblenz und Neuwied reichte. Zunächst sah die interalliierte Militärverwaltung in der Ruhr-Mosel-Entlastungslinie noch eine fördernswerte Infrastrukturmaßnahme zur wirtschaftlichen Belebung.

Heute dienen die Brückenpfeiler einem Kletterpark als Übungsterrain

Diese Sichtweise änderte sich zu Beginn des Jahres 1923 drastisch, als französische und belgische Truppen das Ruhrgebiet besetzten, um den Reparationsforderungen an die junge Weimarer Republik Nachdruck zu verleihen. Aufgrund ihrer strategischen Bedeutung verfügte die französische Militärverwaltung am 2. März 1923 einen Baustopp für die Ruhr-Mosel-Entlastungslinie.

Zudem konnte mit der Einführung der druckluftbetriebenen „Kunze-Knorr-Bremse" in Güterzügen 1920 die Zuggeschwindigkeit deutlich erhöht werden. Hierdurch steigerte sich die Kapazität der Moselstrecke durch eine dichtere Zugfolge erheblich. Die Entlastungsstrecke war somit für den überregionalen Verkehr überflüssig geworden und hatte allenfalls noch regionale Bedeutung. Die Baugerüste der Brückenpfeiler im Adenbachtal wurden 1924, unmittelbar vor dem geplanten Betonguss der Fahrtrasse, demontiert. Als markante sichtbare Zeichen

erinnern die Brückenpfeiler oberhalb von Ahrweiler mit ihrem Querschnitt von 10 x 8,5 Meter noch heute eindrucksvoll an die unvollendete Linie.

Nach dem Abzug der alliierten Besatzer aus der Rheinland-Zone II im Juli 1929, wurde der Baustopp wieder aufgehoben und der Bahnbau konnte kurzfristig fortgesetzt werden. Aus wirtschaftlichen Gründen hat man aber bereits im Jahr 1930 den Bau endgültig einstellen müssen.

An den Brückenpfeilern im Adenbachtal können heute Interessierte unter Anleitung im Seilpark Mittelrhein ihre Kletterfähigkeiten ausprobieren. Die unvollendete Bahnstrecke ist auch unter dem Namen „Strategischer Bahndamm" bekannt.

Stolz präsentiert man Bürgermeister Eiden die erste Ernte (Foto: Dorn)

Champignons für die Vollbeschäftigung

Nachdem man den Bahnbau zu den Akten gelegt hatte, fielen die Reichsbahntunnel in einen Dornröschenschlaf. Der Journalist Hermann Jung (1901-1988) schrieb hierzu im „Westdeutschen Beobachter" (7. Nov. 1935):

Jahrelang lagen sie verlassen in der Ahrlandschaft, die hier bei Ahrweiler besonders lieblich ist. Bäume und Sträucher wucherten an den Eingängen und im Sommer machten sich die Besucher des Ahrtals ein Vergnügen daraus, mit Lampen durch die Tunnels zu wandern und sie zu erforschen wie eine Höhle.

Nach der Machtergreifung Hitlers suchte das NS-Regime nach geeigneten Maßnahmen zur Verringerung der hohen Arbeitslosenzahlen. Im Weinanbaugebiet der Ahr kamen die Machthaber auf die Idee, hier die zu Rotwein kulinarisch passenden Champignonpilze zu züchten.

Anfang März 1935 lud der Ahrweiler Bürgermeister alle Interessierten zu einer Informationsveranstaltung für eine geplante Pilzzucht ein. Hauptredner war der

Die Champignonzucht wurde vom NS-Regime propagandistisch ausgenutzt (Foto: Dorn)

Züchter Johann Pahnke, der in den Kasematten der Jülicher Zitadelle den größten deutschen Zuchtbetrieb für Edelpilze aufgebaut hatte. Er galt daher als Experte, von dem man sich wertvolle Informationen für den Aufbau eines eigenen Zuchtbetriebs erhoffte.

Neben der Schaffung von Arbeitsplätzen verfolgte der NS-Staat hiermit noch ein weiteres Ziel. Champignons galten damals als hochpreisige Delikatesse, für deren Import, meist aus Frankreich, mit kostbaren Devisen gezahlt werden musste. Ideologisch waren dem Regime die hohen französischen Ausfuhrzölle ein Dorn im Auge. Mit der Zucht deutscher Champignons wollte man die französischen Importe drosseln. Im April 1935 begann man auf einer Fläche von 200 Quadratmeter im Gewölbekeller des städtischen Rodderhofs mit dem Aufbau einer kleineren Zuchtanlage.

Zeitgleich richtete die Stadtverwaltung eine Anfrage an die Direktion der Reichsbahn, in Bezug auf die Tunnel der Ruhr-Mosel-Entlastungslinie. Die Antwort der Reichsbahn folgte schnell. In absehbarer Zeit, so die Bahndirektion in Köln, sei mit einem Weiterbau der Strecke und einer Nutzung der Tunnel nicht zu rechnen.

Für die Dauer von zunächst zwei Jahren wurden der Silberberg- und der Kuxbergtunnel von der Reichsbahn gepachtet. In den dunklen Gewölben herrschten ideale klimatische Verhältnisse. Etappenweise sollten von einem Halbjahr zum nächsten 4.000 Quadratmeter Zuchtkulturen angelegt werden. Geplant war bereits zu diesem Zeitpunkt eine Ausdehnung des Betriebs auf den Trotzenbergtunnel bei Marienthal.

Beim Schein von Karbidlampen wurden die Champignons geerntet (Archiv Schönewald)

Der florierende Betrieb machte formell die Gründung einer eigenen Gesellschaft notwendig, womit am 20. September 1935 die „Ahr-Edelpilz-Zuchtgenossenschaft m.b.H." mit Geschäftssitz in Ahrweiler entstand. Ende der 1930er Jahre ging die Anlage in den Besitz des spanischen Kaufmanns Wilhelm Alcover über, der seinen Hauptgeschäftssitz in Saarbrücken hatte.

In den rund 10 Grad kühlen Tunneln roch es permanent nach Pferdemist, der von Fuhrwerken in großen Mengen eingefahren wurde. Der kompostierte Mist diente als Nährboden für die Pilzsporen. Mit den Sporen wurden Hirsekörner geimpft, die in den Pferdemist eingesetzt wurden. Nach sechs bis acht Wochen reifte aus der Brut der fertige Champignon heran. Während des Wachstums ließ eine chemische Reaktion eine Temperatur von 70-80 Grad in den Mistbeeten entstehen, was auch schädliche Keimlinge abtötete. Die Gewölbewände mussten zusätzlich intensiv mit Kalkfarbe gegen Keimbefall gestrichen werden.

Nicht frisch abgesetzte Ware konnte noch am Ernteort in Konservenbüchsen haltbar und versandfertig gemacht werden.

Bis Januar 1936 betrug die Anbaufläche 1.500 Quadratmeter. 1937 wurde bereits in insgesamt drei Tunnel produziert, wobei die Belegschaft mit insgesamt 25 Personen auch ihren höchsten Stand erreichte.

Die Zuchtanlage im Ahrtal entwickelte sich bis zum Ausbruch des II. Weltkriegs

Weiterverarbeitung der Pilze im Mai 1941
(Foto: F. Carl / Archiv Schönewald)

1939 mit 25.000 Quadratmetern zum größten Champignonbetrieb Deutschlands. Während des II. Weltkriegs wurde die Produktionsleistung kontinuierlich zurückgefahren. Im Sommer 1943 erfolgte dann, wegen des geplanten Umbaus der Tunnel für die Rüstungsindustrie, das Ende des Zuchtbetriebes.

M i t t a g e s s e n.

Ahr-Champignons à la Versailles

gewachsen auf den "Mist"beeten Clemenceau's

-

S c h i n k e n b r a t e n

nach alter Art in Ahrburgunder

junger Spitzkohl Kartoffeln

Auszug aus einer Speisekarte vom 3. Juni 1936

Raketenteile im Lager „Rebstock“

Foto vorherige Doppelseite:
Blick vom Ostportal des Trotzenbergtunnels über den Bahndamm zum Westportal des Kuxbergtunnels. Links beginnen die Lagerbaracken. (Foto: Deutsches Museum B1233/43)

Foto oben:
Der von Soldaten bewachte Eingang zum Kuxberg-Tunnel bei Marienthal. (Foto: Deutsches Museum B1232/43)

Hotel-Restaurant „Zum Storch" in einer zeitgenössischen Ansicht (Foto: Georg Averdung)

1943 suchte das Reichsministerium für Rüstung und Kriegsmunition an mehreren Orten Deutschlands für ihre Rüstungsbetriebe nach bombensicheren Produktionsstätten unter Tage. Die West-Alliierten hatten zu diesem Zeitpunkt bereits die Lufthoheit über dem Deutschen Reich. Daher wurden unter anderem auch die fünf ehemaligen Eisenbahntunnel im Ahrtal inspiziert. Aufgrund der gut getarnten Lage wurden die Tunnel im Mai 1943 als kriegswichtig eingestuft und im Herbst 1943 durch das OKH (Oberkommando des Heeres) beschlagnahmt und unter der Konstruktionsnummer 293 als Rüstungsbetrieb geführt. Allerdings hatten britische Luftaufklärer bereits 1942 umfasende Kenntnisse über das Tunnelsystem im Ahrtal in einem Maßstab von 1:45.000 bis 1:7.200 gewinnen können.

Unmittelbar nach der Beschlagnahmung baute man den Kuxberg- und den Trotzenbergtunnel entsprechend um. Im Recher Herrenbergtunnel sollten die Rüstungsgüter auf Züge der Reichsbahn verladen werden.

Als Tarnnamen des Gesamtprojekts führte das Rüstungskommando Koblenz die Bezeichnung Lager „Rebstock" ein. Die fünf Tunnel trugen die Decknamen „Rebstock", „Stefan" oder „Fasan".

Im August 1943 war bei einem britischen Luftangriff die Heeresversuchsanstalt Peenemünde auf Usedom bombardiert worden. Der Leiter des Heeresartillerieparks General Walter Dornberger entwickelte hier gemeinsam mit Wernher Freiherr von Braun die Heeresartilleriewaffe A4, die später auch unter dem Propagandanamen „V2" (V=Vergeltungswaffe) bekannt wurde. Das Rüstungskommando Koblenz

Ein Abschußwagen (Meillerwagen) in der Montage. Vorne rechts das 57-ädrige Verbindungskabel für den Start der A-4 (Foto: Deutsches Museum B1249/43)

fasste den Entschluss, die für den Transport und Abschuss der Flüssigkeitsraketen notwendigen Raketenwagen (Meillerwagen), sowie Feuerleitpanzer und Anhänger für Kabeltrommeln im Ahrtal zur Endmontage zu bringen. Am 1.10.1943 beginnen die Vorbereitungen zur Errichtung eines Baulagers im Hubachtal, Gemarkung Ringen zeitgleich mit der Räumung des Kuxbergtunnels vom Champignonzuchtbetrieb durch Zivil-, Zwangsarbeiter und italienische Militär-Internierte (IMI); gearbeitet wird im Tag- und Nachtbetrieb. Seit Ende 1943 waren die Tunnel eine Außenstelle des Heeresartillerieparks. Verwaltungssitz des Lagers wurde das 1910 neben der Klosterruine in Marienthal erbaute Herrenhaus, das bis dahin von der Staatsweindomäne als „Landesbauernschule" genutzt wurde.

Für den Einbau der schweren Maschinenbauteile ließ das Rüstungskommando Koblenz in den Tunneln Fundamente gießen. Zusätzlich wurden Trennwände und

„V2"-Batterie im „Einsatz"? Eventuell ein gestelltes Propagandafoto (Foto: N.N.)

ein zweites Geschoss eingezogen, sowie elektrische und fernmeldetechnische Leitungen verlegt.

Federführend für die technische Umsetzung war die Rüstungsfirma Johannes Gollnow & Sohn/Stettin, die aus Tarngründen auch unter einer Postfachnummer in Koblenz geführt wurde und zeitweise als Geyer & Sohn firmierte. Raketen-Konstrukteur Wernher von Braun lud im März 1944 zu einer zweitägigen Arbeitstagung nach Ahrweiler ein. Die Tagung fand vom 24.-25. März im Hotel „Zum Storch" an der Wilhelmstraße statt. Entwicklungsleiter von Braun besprach mit den beteiligten zivilen und militärischen Teilnehmern die Fertigung der sogenannten Fahrzeuggruppe 1, worunter die Feuerleitpanzer und Fernraketenanhänger zum Abschuss der A4-Raketen (V2) zählten.

Die Volkswagen AG, als Montagewerk des Luftwaffen-Rakete „V1", war an den Tunneln im Ahrtal von Anfang an ebenfalls interessiert. Jedoch wurden die Pläne des damaligen VW-Entwicklungsleiters Rudolf Stephan kurz vor ihrer Umsetzung durch VW-Hauptgeschäftsführer Ferdinand Porsche Ende September 1944 verworfen. Porsche befürchtete, seine dortigen Montageanlagen dauerhaft an die SS verlieren zu können.

Für die Produktion der Rüstungsgüter wurde eine große Anzahl von Arbeitern benötigt. Zwar waren in der Montage auch nicht frontfähige Soldaten und weibliche Hilfskräfte aus der Region eingesetzt, jedoch reichte dies bei weitem nicht aus. So kamen bereits im Herbst 1943 etwa 500 sogenannte italienische Militärinternierte („IMI") ins Ahrtal, die im Luftwaffen-Lager Brück/Ahr untergebracht wurden.

Eine Gedenktafel erinnert bei Dernau an der alten Bahntrasse an das zweite KZ-Außenlager im Ahrtal. Im Hintergrund rechts das alte Tunnelportal des Sonderbergunnels.

Zusätzlich mietete die Fa. Gollnow bei verschiedenen SS-Haftlagern, teilweise über das Arbeitsamt Ahrweiler, zusätzliche Arbeitskräfte an. Am 4. und 18. August trafen insgesamt 467 niederländische Häftlinge, aus dem von der deutschen Besatzung eingerichteten Durchgangslager in Amersfoort, im Ahrtal ein, wovon 130 Häftlinge im Lager Rebstock blieben. Die übrigen Häftlinge wurden ins KZ Hinzert im Hunsrück gebracht.

Mit der Überstellung von 400 Häftlingen aus Buchenwald wurde das Lager „Rebstock" ab September 1944 direkt dem KZ Buchenwald als Außenlager überstellt. Das thüringische KZ hatte mit dem ihm angegliederten Lager Mittelbau Dora bei Nordhausen bereits umfangreiche Erfahrung mit dem Einsatz von Häftlingen in der Rüstungsproduktion. Einige der Häftlinge hatten im lothringischen Untertagelager Tiercelet gearbeitet, bevor sie ins Ahrtal kamen.

Die Häftlinge waren in mehreren Baracken auf dem Damm der unvollendeten Ruhr-Mosel-Entlastungslinie zwischen Dernau und Rech – etwa in der Höhe des Dernauer Bahnhofs – sowie in Marienthal untergebracht. Lagerkommandant Karl Schmidt, im Rang eines SS-Oberscharführers, hat die Häftlinge brutal und menschenverachtend behandelt. Wegen seiner Mißhandlungen und Folterungen wurde er hinter vorgehaltener Hand „Knochenschmidt" genannt.

SS-Wachmannschaften bewachten die Anlage an den Tunneleingängen und den Unterkünften von hohen Wachtürmen aus. Im Stil der NS-Propaganda prangte über dem Lagereingang in den Weinbergen weithin sichtbar der Schriftzug „Räder müssen rollen für den Sieg".

Die Häftlinge arbeiteten in zwei Schichten jeweils zwölf Stunden, wobei sich so zwei Personen wechselweise denselben Schlafplatz teilten. Ihre

blau-weiß-gestreifte Häftlingskleidung durften die Gefangenen wochenlang nicht wechseln. Entgegen anders lautenden Behauptungen, gab es keine Tötungen von Häftlingen im Lager „Rebstock". In Dernau erinnert in den Weinbergen seit 1988 eine Gedenktafel an das KZ-Außenlager „Rebstock".

Der alliierten Aufklärung blieb die Präsenz des Lagers nicht verborgen. Zwischen Ahrweiler, Dernau und Holzweiler gab es daher eine hohe Anzahl von Bombenabwürfen britischer und amerikanischer Kampfflugzeuge, die das Lager Rebstock zum Ziel hatten. Hierbei wurden auch zahlreiche Streckenabschnitte der Ahrtalbahnstrecke bombardiert. Der Kampfmittelräumdienst des Landes Rheinland-Pfalz hat in diesem Bereich auch viele Jahrzehnte nach Kriegsende noch ein weites Aufgabenfeld.

In der Nacht zum 13. Dezember 1944 wurde die Rüstungsproduktion im Lager „Rebstock" aufgegeben und geräumt. 99 Häftlinge wurden nach Artern in Thüringen verlegt, nachdem am 5. Dezember bereits die ersten 100 Häftlinge dorthin gebracht worden waren. Auch das SS-Wachpersonal rückte vollständig ab. Im Ahrtal blieb eine 42 Mann starke Landesschützen-Kompanie zur Sicherung. Die Produkti-

Die Tunnel-Gedenkstätte, im Hintergrund ist eine durch Sprengung entstandene Geröllhalde sichtbar

onsstätten wurden in Artern ab Dezember 1944 als „Adorf" und „Rebstock neu" in den Unterlagen der SS geführt. Die verbliebenen Soldaten hielten die Stellung im Kuxbergtunnel und gerieten anschließend in amerikanische Kriegsgefangenschaft.

Der nur als Lager genutzte Silberbergtunnel wurde bereits vor Aufgabe der Rüstungsproduktion zur Zuflucht der Ahrweiler Bevölkerung während der Bombenangriffe des II. Weltkriegs („Stadt im Berg"). Nahezu die gesamte Ahrweiler Bevölkerung (rund 2.500 Menschen) haben hier bis zum Kriegsende in notdürftigen Bretterbuden vor alliierten Luftangriffen Schutz gesucht.

Hieran erinnert heute die Tunnel-Gedenkstätte im Adenbachtal, am östlichen Eingang des 1947 gesprengten Silberbergtunnels. Auch die Tunnel in Dernau und Rech dienten der dortigen Bevölkerung während der Luftangriffe als Schutzraum.

Der Sonderbergtunnel wird heute von der Ortsgemeinde Dernau als Depot und Werkstatt der großen Festwagen des alljährlichen Winzerfestes genutzt. Der Recher Herrenbergtunnel wurde bis in die 1980er Jahren von einem Bachemer Gastronomen noch für dessen Champignonzuchtbetrieb genutzt.

Auf dem Bahndamm der geplanten Ruhr-Mosel-Entlastungslinie war im Mai 1937 der, im Rahmen einer ABM-Maßnahme gebaute, Rad-Fernweg Ahrtal-Brühl-Köln eröffnet worden, dessen Streckenverlauf heute weitgehend mit dem Verlauf der Bundesautobahn A 61 identisch ist.

Plenarsaal unter den Weinbergen

Mit der von Gustav und Hilda Heinemann angeschafften grellroten Wohnzimmergarnitur konnten sich Walter und Mildred Scheel in der Villa Hammerschmidt nicht anfreunden. Vermutlich stellten sie das Mobiliar 1976 dem Regierungsbunker zur Verfügung

Das ist der Widerspruch unserer Zeit,
dass der Mensch die Urkraft des Atoms
sich jetzt vor den Folgen fürchtet;
…
dass der Mensch sich die Räume dieser Erde
die Kontinente zueinander rückte,
nun aber in Waffen starrende Machtblöcke
die Völker mehr voneinander trennen als je
und totalitäre Systeme seine Freiheit bedrohen.
Darum fürchtet der Mensch, gewarnt durch die
und Barbarei seiner jüngsten Vergangenheit, die
weil in jedem Augenblick an jedem Punkt der Welt
durch menschliches Versagen das Chaos der
ausgelöst werden kann …
In unserer Hand ist die Verantwortung gelegt
für eine friedliche Zukunft,
oder für die Selbstzerstörung der Menschheit.
„Godesberger Programm"

Das gesprengte westliche Portal des Silberbergtunnels, gegenüber der Dokumentationsstätte, ist unverändert sichtbar

Nach dem Zweiten Weltkrieg zerstörte die französische Militärverwaltung die mehr als 30 Jahre alten Eisenbahntunnel. Um eine Nutzung für nachfolgende Generationen unmöglich zu machen, nahm man im Silberberg-, Kuxberg- und Trotzenbergtunnel Sprengungen vor. Die Schäden hielten sich, wahrscheinlich auch aus Rücksicht auf die darüberliegenden Weinberge, in Grenzen. Lange wurde kolportiert, die Sprengtechniker seien dem Ahrburgunder so stark zugeneigt gewesen, dass dies die Sorgfältigkeit ihrer Arbeit beeinflusst habe. An insgesamt elf Stellen im Trotzenberg setzten die franzöischen Sprengtechniker ihre explosiven Ladungen an. Im östlichen Kuxberg wurden sieben Sprengladungen gezündet.

Im März 1953 gründete das Technische Hilfswerk (THW) in Marienthal eine Bundesschule für die damals 22.000 Mitglieder starke Organisation. Zum Übungsareal gehörten auch die beiden funktionslosen Reichsbahntunnel im Kuxberg und im Trotzenberg, die die spätere Ausgangsbasis für den Regierungsbunker bilden sollten.

Nicht erst seit Eintritt der Bundesrepublik Deutschland in das nordatlantische Bündnis der NATO im Mai 1955 gab es im Kabinett Adenauer Planungen für einen geeigneten „befestigten Befehlsstand“, der den wichtigen Verfassungsorganen der Bundesrepublik Deutschland in Krisensituationen Schutz bieten sollte. Bis ins Jahr 1950 lassen sich die ersten Entwürfe im Bonner Bundesinnenministerium hierzu zurückverfolgen. Grundlage bildeten die bereits im gleichen Jahr eingeleiteten ersten Schritte für eine deutsche Wiederbewaffnung während des Kalten Krieges.

Herbert Hennig 1959 bei Vermessungsarbeiten in einem gesprengten Tunnelabschnitt

Bundeskanzler Konrad Adenauer selbst war jedoch kein großer Freund von der Forderung des damaligen NATO-Generalsekretärs Baron Hastings Ismay, das jedes Mitgliedsland eine atombombensichere Kommandozentrale errichten sollte. Adenauer deligierte das von ihm wenig geliebte Projekt an seine Ministerialbeamte in den verschiedenen Ministerien (u. a. Inneres, Verteidigung, Bauwesen), wo teilweise gerade erst entnazifierte frühere Wehrmachtsoffiziere und Beamte das Sagen hatten.

Die Fäden liefen im Zivilschutzreferat, des damals von Gustav Heinemann geleiteten Bundesminsterium des Inneren, zusammen. Heinemann trat im Oktober 1950 aufgrund von Meinungsverschiedenheiten mit Adenauer von seinem Amt zurück.

Nach Gründung der Bundeswehr veränderte sich die Sichtweise im Ost-West-Konflikt immens. Somit sah das Kabinett Adenauer die zwingende Notwendigkeit, Pläne zum Bau eines Bunkers für die obersten Bundesbehörden zu forcieren. In erster Linie befürchtete man einen Angriff der Truppen des Warschauer Pakts auf Westdeutschland und Westeuropa.

Folgende Doppelseite:
Grundriss der fünf Bauteile des Regierungsbunkers mit den zusätzlichen Nebenstollen. In der parallelen Ansicht des Höhenprofils sind die vertikalen Versorgungsschächte eingetragen. In Rot unterlegt ist der Bereich der heutigen Dokumentationsstätte. (Quelle: Bundesamt für Bauwesen und Raumordnung)

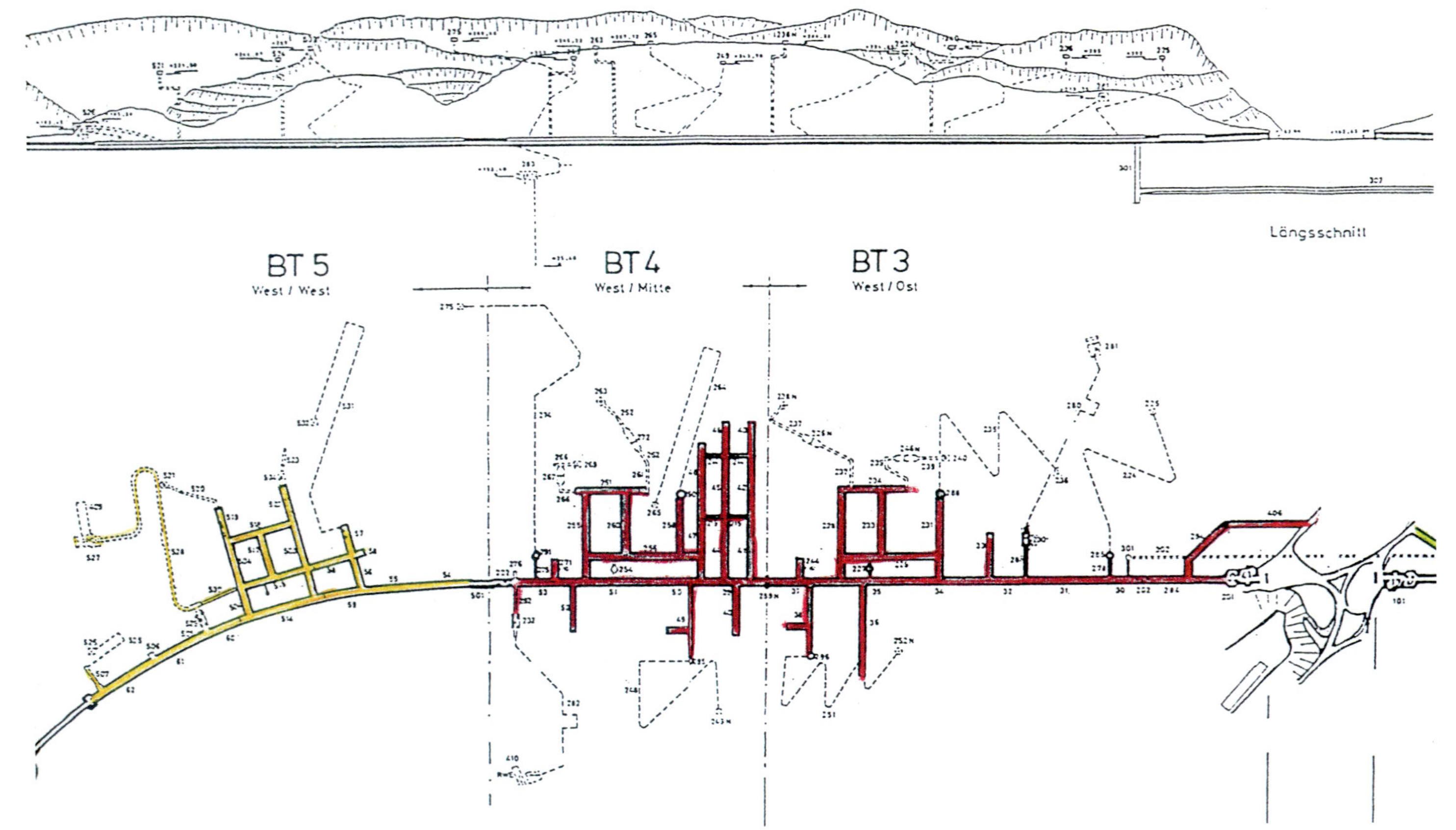
Längsschnitt
BT 5
West / West
BT 4
West / Mitte
BT 3
West / Ost

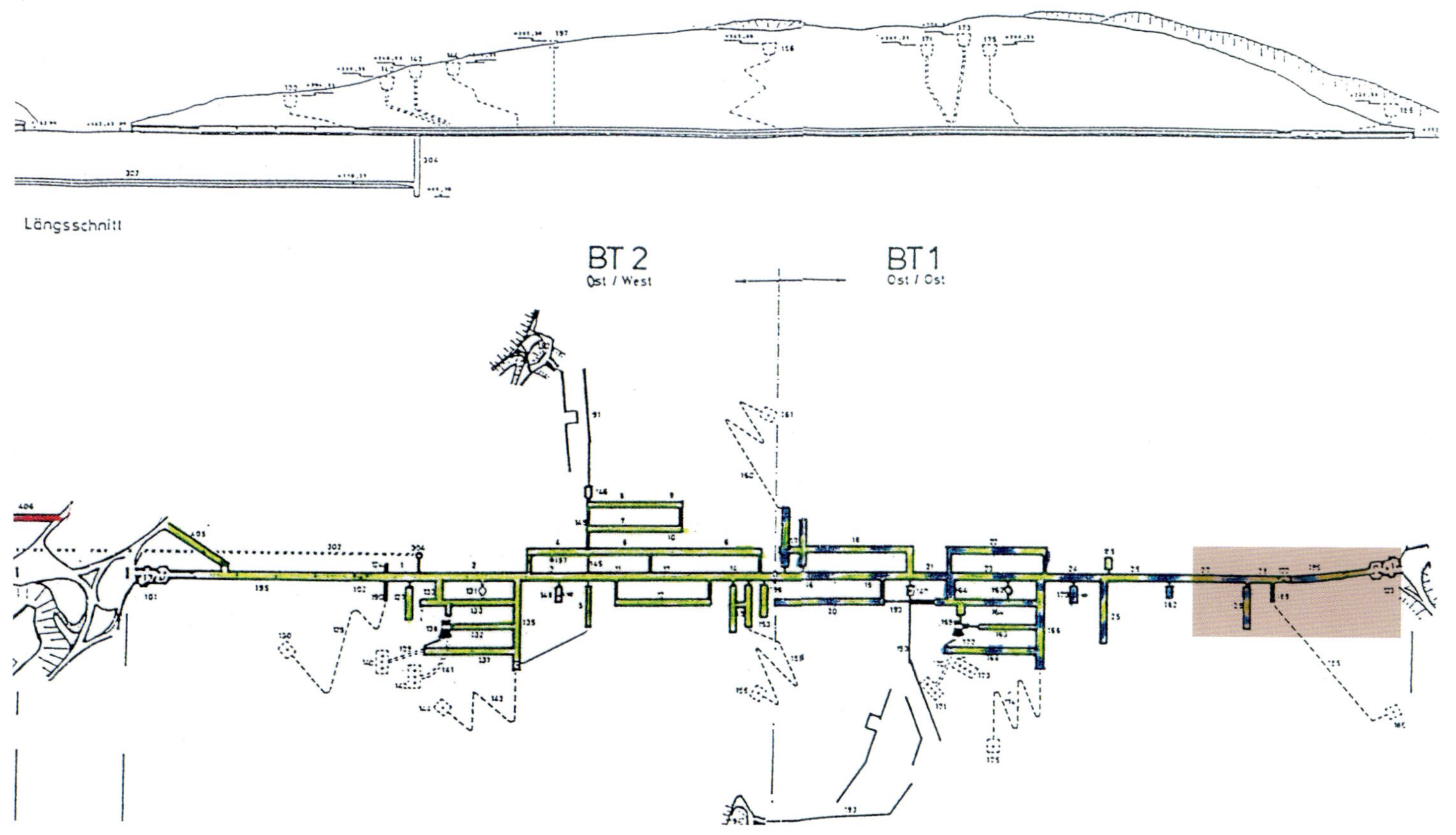
Längsschnitt
BT 2
Ost / West
BT 1
Ost / Ost

Die für einen Bunker geeignete Liegenschaft musste im direkten Umkreis zur Bundeshauptstadt Bonn gefunden werden, wo eine gemeinsame Unterbringung aller Verfassungsorgane gewährleistet werden sollte. Eine Bündelung aller hohen Staatsorgane am gleichen Ort im Krisenfall war im internationalen Vergleich bis dahin einzigartig. So sollten neben dem Bundespräsidenten und dem Bundeskanzler, auch die gesamte Bundesregierung sowie Bundestag, Bundesrat und das Bundesverfassungsgericht hier Platz finden. Zusätzlich bot die Anlage Möglichkeiten zur Unterbringung von Funktionsträgern aller Behörden, die das Wort Bund(es) im Namen trugen (wie Bundesbahn, Bundesbank, Bundespost). Deren Familienangehörige durften allerdings nicht mit in die Anlage.

Im Bunker sollte auch das im Krisenfall aus Bundestag und Bundesrat gebildete Notstandsparlament, der sogenante Gemeinsame Ausschuss nach Artikel 53a Grundgesetz, zusammentreten können. Für den Sitzungssaal des Gemeinsamen Ausschusses wurde ein ursprünglich als Sanitätsstollen geplanter Trakt im Kuxberg entsprechend umfunktioniert. Durch ihre Längsausdehnung boten die ehemaligen Reichsbahntunnel tief unter dem Ahrgebirge ein nur schwer zu ortendes Flächenziel.

Nachdem die Finanzierung im Bundeshaushalt gewährleistet war, unterzogen Bautechniker und Statiker den Kuxbergtunnel bereits 1958 einer ersten systematischen Begutachtung. Hierbei wurden insbesondere die Wasserzulaufstellen und Beschädigungen an den Sprengstellen begutachtet.

Aufgrund seiner geologischen Beschaffenheit genoss der Kuxberg gegenüber dem westlich gelegenen Trotzenberg die Prioritätsstellung. Dies lag in erster Linie an seinem geringeren Zufluss von Bergwasservorkommen. Täglich flossen in beide Tunnel 1,2 Mio. Liter Wasser ein.

Anfang 1959 begann das Essener Architekturbüro DSBI (Deutsche Societät Beratender Ingenieure, die Dr. Ing. Walter Ingenieurberatung) mit Vermessungsarbeiten im Kuxberg- und im Trotzenbergtunnel. Ende des gleichen Jahres folgten die Ausbesserungsarbeiten der, gut zehn Jahre zuvor durch die französiche Besatzungsmacht verursachten, Sprengschäden. Es entstanden die ersten sichtbaren Vorbereitungen zum Ausbau, so der Errichtung der Baracke für die Bauleitung. Was sich jedoch dahinter verbarg, war für den Außenstehenden nicht erkennbar. Man mutmaßte nur, dass es sich um Maßnahmen des THW handelte.

Mit dem eigentlichen Ausbau der Tunnelröhren zum Bunker sollte es noch geraume Zeit dauern. Bis Ende 1961 wurden lediglich Baumfällarbeiten und Straßenbefestigungen durchgeführt. Die Beschaffung von Geldern, Genehmigungen und der Ankauf von benötigten Grundstücken verzögerten den Start der Bauarbeiten erheblich. So stieß man unter anderem auf ein 1849 gegründetes Bergwerk der „Gewerkschaft Angelika“, das bis Ende der 1920er Jahre am nördlichen Fuß des Kuxberges betrieben wurde. Beim zuständigen Bergamt in Koblenz waren die

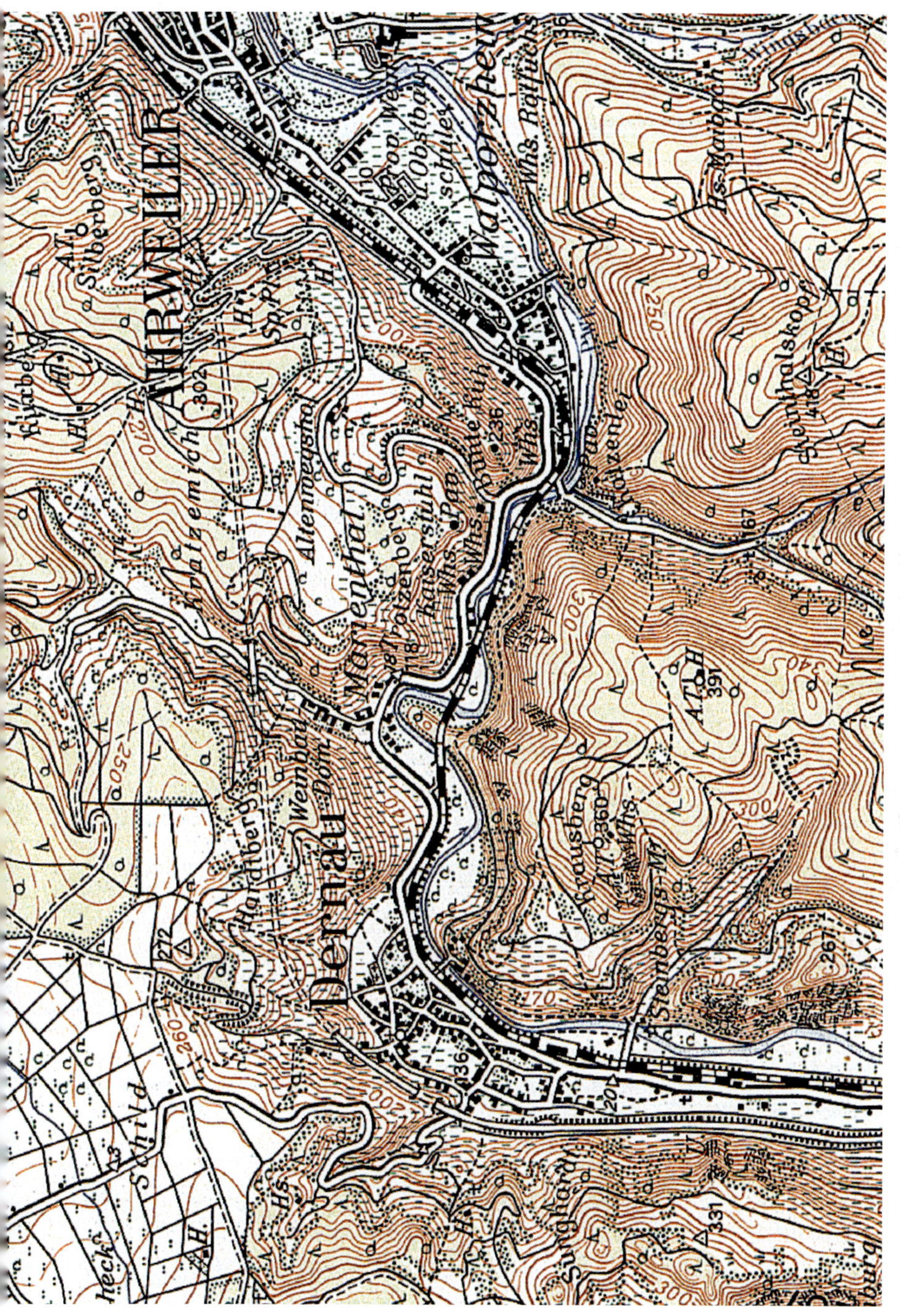

Auf dieser Karte von 1959 sind die Eisenbahntunnel und die Trasse noch eingezeichnet.
Geobasisinformationen (TK50, Ausgabe: 1959)
© Landesamt für Vermessung und Geobasisinformationen Rheinland-Pfalz vom 18.03.2008, Az.: 26 722-1.401

Die alten Portale wurden abgetragen und die Tunnelausgänge für die Eingangssperrwerke

Rechte für den Abbau faktisch nie gelöscht worden. Somit begann jetzt die Suche nach den aktuellen Besitzern der Rechte.

Die Deutsche Bundesbahn wollte als Rechtsnachfolger der Deutschen Reichsbahn für die beiden im I. Weltkrieg erbauten Tunnelröhren einen möglichst hohen Preis erzielen. Die Mainzer Landesregierung erhob Bedenken wegen eines zu erwartenden erhöhten Baustellenverkehrs im mittleren Ahrtal.

Das gesamte Areal unterstand bereits seit 1958 der absoluten Geheimhaltung. In der Deutschen Generalkarte wurden die fünf Reichsbahntunnel vollständig gelöscht. Unter den Decknamen „Anlagen des THW" oder „Dienststelle Marienthal" wurden die weiteren organisatorischen Schritte eingeleitet.

Die Verwaltung des Bunkers bezog das repräsentative Herrenhaus im Gartengelände des Klosters Marienthal aus dem Jahr 1910, in dem bis dahin die Bundesschule des Technischen Hilfswerks ihren Sitz hatte. Auch das Bundeskriminalamt richtete nach dem Baubeginn hier eine eigene Außenstelle ein, die allen Verdachtsmomenten von Hochverrat und Spionage nachging, wie auch einem während der Bauzeit verübten Kapitalverbrechen.

Der gesamte mit dem Bau in Verbindung stehende Schriftverkehr trug ab Anfang der 60er Jahre den Zusatz „VS-NfD" (Verschluss-Sache – Nur für Dienstgebrauch). Die Planungen zum Bau stammten von Dr. Ing. Paul Walter und seinem Sohn Dr. Hans Walter von der Essener Architekten-Societät DSBI.

Die Bauarbeiten wie auch die fertige Anlage selbst waren eines der großen Tabu-Themen in der breiten Öffentlichkeit. Auch nach vereinzelten TV- und Presse-

vorbereitet (Fotos: Werner Mertens)

dokumentationen (z. B. in SPIEGEL und STERN) ab Mitte der 70er Jahre änderte sich hieran wenig.

Der langjährige Leiter der Hauptverwaltung Aufklärung (HV A) im Ministerium für Staatssicherheit der DDR Markus Wolf hat nach der Wende klar zum Regierungsbunker Stellung bezogen. Seiner Aussage nach schloss sich eine Geheimhaltung des Projektes aufgrund seiner Größe von vornherein völlig aus. Der Staatssicherheitsdienst (Stasi) war immer recht zeitnah über den aktuellen Stand der Entwicklung des „Ausweichsitzes der Verfassungsorgane des Bundes“ informiert.

Am 19. Januar 1962 begann eine Arbeitsgemeinschaft (ARGE), zu der sich rund 20 namhafte deutsche Unternehmen unter dem Decknamen „Max“ zusammen geschlossen hatten, mit ihrer Arbeit in Ahrweiler. Einen Tag zuvor hatte Bundeskanzler Adenauer überraschend den Startschuss für das Projekt gegeben. Wenige Tage vorher, zur Jahreswende 1961/62, waren die Pläne für den Bunkerbau öffentlich geworden. Die oppositionelle SPD hatte über ihren Pressedienst zahlreiche Redaktionen in der Bundesrepublik mit geheimen Informationen zu „Adenauers Atombunker“ versorgt. Das Kanzleramt versuchte zwar mit polizeilicher Hilfe sogar die vierseitige Reportage „Hier baut Bonn seinen Befehlsbunker“ aus der Ausgabe 2/1962 der Zeitschrift QUICK herauszutrennen, aber ohne großen Erfolg: die „Katze war aus dem Sack“. Ohne vorab die Bundesbaudirektion und das Architekturbüro DSBI informieren zu können, musste Adenauer jetzt Fakten schaffen und den Baubeginn, nach Intervention von Bundesaussenminister Schröder (1910-1989), in Gang setzen.

Die Umsetzung eines baulichen Großprojekts dieser Größe und unter diesen Bedingungen bedeutete für alle Beteiligten absolutes Neuland. Zeitliche Vorgaben konnten daher nur grob gemacht werden, da insbesondere durch das Auffahren von Nebenstollen unter Tage unkalkulierbare Sicherheitsrisiken auftreten konnten.

Zu den bekanntesten Teilnehmern der ARGE Max (Westteil) und der ARGE blau (Ostteil) zählten die Firmen Torkret, Philipp Holzmann, AEG, ATE, Dräger, MAN, Grün & Bilfinger, Strabag, Thyssen Schachtbau, Hochtief, Elektrosysteme Faurndau und Siemens Bau Union.

Um die zeitlichen Vorgaben einzuhalten, wurde den Beschäftigten hohe Löhne gezahlt, so unter anderem auch Nacht-, Feiertags- und Wochenendzuschläge. Selbst ein 16-jähriger Vermessungsgehilfe erhielt 1963 bereits einen für damalige Verhältnisse hohen Stundenlohn von 1,82 DM. Es wurde in mehreren Schichten rund um die Uhr gearbeitet. Das Bauprojekt wurde zu einem breiten Betätigungsfeld zahlreicher Unternehmen, die enorm vom Bunkerbau profitierten. Das Ahrtal erfuhr während der Bauphase einen besonderen wirtschaftlichen Aufschwung.

Allerdings genoss der an der Planung und Ausführung beteiligte Personenkreis nicht nur Vorteile. So unterstand bereits die Bauphase in allen Bereichen einer strengen Geheimhaltung. Hiervon betroffen waren nicht nur die Beschäftigten, sondern auch deren Familien und Freundeskreise. Jegliche Besuche in Ländern des Warschauer Pakts war allen Beteiligten strikt untersagt. Meist wussten die Betroffenen nicht genau, woran sie tatsächlich gerade arbeiteten. Der Zutritt zur Baustelle erfolgte nur mit einem Sonderausweis, kontrolliert vom eigenen Wachpersonal.

Während einige Ingenieure in kleinen Privatpensionen logierten, wohnten viele der am Bau beteiligten Arbeiter in eigens hierfür aufgebauten Baracken, wie auf dem Gebiet der alten Ziegelei an der Ramersbacher Straße in Ahrweiler, wo für 1.000 Arbeiter ein Wohnlager entstand.

In Marienthal wurde ein alter Bahnsteig aus Zeiten der Reichsbahn wieder in Betrieb genommen. Von dort transportierte man angeliefertes Baumaterial über eine Schwebebahn zum zentralen Mischplatz oberhalb der Klosterruine Marienthal. Hier wurde ein eigenes Betonmischwerk errichtet, dessen Betrieb mittels Lochkarten vollelektronisch erfolgte. Das Hubachtal war bereits hier großflächig verfüllt und der Bach unterirdisch abgeleitet.

Die schmuckvoll im Stil der Kaiserzeit gestalteten Portale der vier Tunnelmünder wichen rasch massiven Betonkonstruktionen, die zu Tarnzwecken im Camouflage-Ton gehalten waren.

Im Kuxbergtunnel begann man zunächst mit der Räumung der Trümmer, der Isolierung und der Auskleidung der Röhre. Mehrere Beton- und Kunstharzschichten sollten die Bunker statisch und vor einsickernder Feuchtigkeit schützen.

Wenn eine gelieferte Betonprobe in ihrer Zusammensetzung nicht den hohen Anforderungen entsprach, wurde sie nicht in die Baustelle eingebracht. Mit den

Auch die höchsten Repräsentanten des Staates schliefen nur auf einfachen Feldbetten. Die einzigen Schlafräume im Erdgeschoss waren für den Bundespräsidenten und den Bundeskanzler bestimmt. Der Regierungschef genoss neben seinem Einzelzimmer den Luxus einer eigenen Dusche/WC. Der Schlafraum war über eine Verbindungstür direkt mit benachbarten Kanzlerbüro verbunden.

Das Präsidentenzimmer verfügte als einziger Raum über ein Bad mit eigener Badewanne/WC.

Das Mobiliar des Bundespräsidialamtes setzte in seinen bunten Farben pink und orange einen deutlichen Kontrastpunkt zur ansonsten nüchtern gehaltenen übrigen Ausstattung der Anlage.

Das spartanische Zimmer des Bundeskanzlers (Foto von 1998)

Bau eines Eingangssperrwerkes, das Gerüst für ein Rolltor und weitere Schleusentüren sind gut erkennbar. Rechts ein Gerüst mit Tarnnetzen (Foto: Herbert Hennig)

fehlerhaften Betonladungen wurden unter anderem zahlreiche Winzerwege in Ahrweiler, Walporzheim, Marienthal oder Dernau befestigt, worüber sich die Winzer freuten, blieb ihnen die Fahrt durch rutschige, unbefestigte Steilstrecken mit ihren Zugmaschinen jetzt erspart.

Daneben setzte mit dem Bunkerbau auch im privaten Wohnungsbau ein Bauboom ein. Zweifelsfrei sind manche, für den Bau des Bunkers bestellte aber ungeeignete Materialien, an Fundamenten oder anderen Bauvorhaben im Ahrtal verarbeitet worden.

Bergleute trieben, abgehend von den Hauptstollen, diverse Parallel- und Nebengänge (Sanitäts-, Technik- oder Fluchtstollen) in den Berg. Um die Gesamtfläche zu erhöhen, wurde in den Hauptstollen zusätzlich eine Zwischendecke eingezogen. So konnte im Untergeschoss Platz für Büro- und Technikräume und im Obergeschoss für Schlaf- sowie Waschräume geschaffen werden.

Im Kuxberg liegen die miteinander verbundenen Bauteile I und II. Später waren im Trotzenberg die Bauteile III, IV und V vorgesehen. In den Bauteilen I und II waren alle wichtigen Unterkunfts- und Funktionsräume (z. B. für den Bundeskanzler, Bundespräsidialamt und Plenarsaal) untergebracht.

Der 1.273 Meter lange Kuxbergstollen wurde durch zahlreiche Nebenstollen auf eine Gesamtlänge von 8,1 Kilometer ausgedehnt. Insgesamt verfügten die Bauteile I (Ost/Ost) und II (Ost-West) über eine Grundfläche von 37.600 Quadratmetern und ein Volumen von 157.500 Kubikmetern. In ihnen befanden sich 502 Büro-

Dekontaminationsanlage beim Eingangssperrbauwerk in der Dokumentationsstätte. Für bessere Sicht konnte das zuständige Personal per Handkurbel den Scheibenwischer bedienen

und 501 Schlafräume. Der Haupteingang lag in Marienthal (BT II), ein weiterer Zugang bei Ahrweiler (BT I). Jedes Bauteil besaß zusätzlich einen Notausgang.

Der Zugang zur Anlage erfolgte über 25 Tonnen schwere Schleusentore, die von der Firma MAN gefertigt und beim Bau vor Ort mit Beton verfüllt wurden. Während der anfänglichen Bauphase standen die Grundkonstruktionen der MAN-Tore lange frei in der Landschaft, bevor man die Gebäudeteile um diese herum gebaut hatte. Tarnnetze und meterhohe Schilfzäune sollten während dieser Phase die Baustellen vor neugierigen Blicken schützen. Im Ernstfall konnten diese Tore innerhalb von zehn Sekunden den Bunker verschließen (siehe auch Seite 58).

Unmittelbar hinter den Schleusen befanden sich große Dekontaminationsanlagen, in denen sich etwaige mit Radioaktivität, biologischen oder chemischen Kampfstoffen verseuchte Personen von ihren gefährlichen Verunreinigungen 10 Minuten lang mit kaltem Wasser und verdü nnter Ameisensäure abduschen mussten. Die Kleidung wurde direkt ihrer Vernichtung in der bunkereigenen Müllverbrennungsanlage zugeführt.

In allen fünf Bauteilen war die Versorgung mit den Hauptelementen Wasser, Luft, Erde (Nahrung) und Feuer (Energie) unabhängig von der Außenwelt gewährleistet, somit war jedes Bauteil autark.

Effiziente Belüftungssysteme versorgten Klima- und Heizungsanlage, sowie die Arbeits- und Unterkunftsbereiche. Frischluft wurde durch ein ausgeklügeltes Röhrensystem über Außenbauwerke auf den Bergrücken angesaugt und die verbrauchte

Die Bauteile und ihre Nutzer im Ernstfall

Bauteil I: Kuxberg (Ost/Ost) Bundesministerium der Justiz, Bundesministerium des Innern, Bundespräsidialamt, Bundespost, Bundesministerium der Verteidigung, Bundespresseamt, Sanitätsstollen.
Bauteil II: Kuxberg (Ost/West) Bundesministerium des Innen, Bundesrat, Bundestag, Bundesministerium des Innern, Auswärtiges Amt, Bundeskanzleramt, Bundesministerium der Verteidigung.
Bauteil III: Trotzenberg (West/Ost) Stab Bundesministerium der Justiz, Bundesbank, Bundesministerium für Verkehr, Bundeswirtschaftsministerium
Bauteil IV: Trotzenberg (West/Mitte) Bundesministerium für Ernährung, Landwirtschaft und Forsten, Bundesministerium für Verkehr, Bundesarbeitsministerium, Bundesministerium für Bauwesen, Bundesfinanzministerium, Bundespost, Bundeswirtschaftsministerium
Bauteil V: Trotzenberg (West/Ost) Unterkünfte des Bundesverteidigungsministeriums, Versorungsbereiche

Quelle: Jörg Diester, Geheimakte Regierungsbunker

Luft anschließend ebenso wieder nach außen zurück geführt. Die angesaugte Luft konnte bei Kontamination über mehrere Filtersysteme gereinigt werden. Bei drohender Verseuchung von außen konnte die Anlage über Verschlusselemente, die einem Druck von bis zu 30 bar standhielten, abgeschottet und über zugeschaltete Filteranlagen extern belüftet werden.

Eigene Tiefbrunnen versorgten die Anlage mit Trink- und Brauchwasser, das in Zisternen gesammelt wurde. Der Bunker war damit unabhängig vom öffentlichen Trinkwassernetz. Auch bei einer Vollbelegung mit 3.000 Personen garantierten Wasseraufbereitungsanlagen eine gleichbleibende Trinkwasserqualität. Das Schmutzwassser hingegen wurde über das öffentliche Kanalisationssystem entsorgt.

Strom bezog der Bunker im Normalbetrieb aus dem Netz der RWE. Für den Ernstfall verfügte jedes Bauteil über Dieselgeneratoren, die mit einer Leistung von 1.250 kVA eingeschaltet werden konnten. Für den Betrieb dieser Netzersatzanlagen bevorratete der Bunker bis zu 1.800 Kubikmeter Dieseltreibstoff, das sind 1,8 Mio. Liter.

Der Eingang zum Bauteil I im idyllischen Giesemer Tal oberhalb von Ahrweiler lag unscheinbar am Berghang. Nur Eisentore, Stacheldrahtrollen und mitunter patrouillierende Wachposten mit ihren Diensthunden machten vorbeikommende Wanderer auf den Bunker aufmerksam. Links der Splitterschutzwand aus Beton befindet sich seit März 2008 der Eingang zur Dokumentationsstätte. Rechts vom Eingang schließt sich der neue Kinoraum der Dokumentationsstätte an. Die beiden neuen Bauteile sind stilistisch mit rostendem Cor-Ten-Stahl verkleidet. Auf dem

Eingangsbereich Kuxberg West, der Kommandostand oder sogenannte „Tower", von den Mitarbeitern als „Café Hoch" bezeichnet (Foto von 1998)

alten Bahndamm, der ab 1965 als Hubschrauberlandeplatz diente, befinden sich Besucher-Parkplätze. Die Lage des zugeschütteten Silberbergtunnels ist von hier im Weinberg noch erkennbar.

Der Eingang des Bauteils II in Marienthal war ursprünglich ähnlich gestaltet wie der Bauteil I in Ahrweiler. Erweitert wurde das Ensemble in Marienthal in den 1980er Jahren durch ein hohes Gebäudeteil ähnlich einem Flughafen-Tower, das vom Bundesgrenzschutz genutzt wurde. Von hier aus war das gesamte Tal einfacher zu überwachen. Im Zuge des Rückbaus hat man dieses Gebäudeteil im Erdgeschoss versiegelt und gleichzeitig alle technischen Außenanlagen (Suchscheinwerfer, Funkantennen, Lautsprecher etc.) demoniert.

Das Wachpersonal wurde von der Wach- und Schließgesellschaft Karl Liebrich GmbH & Co. KG Kaiserlautern gestellt. Während der NATO-Übungen übernahm die Bundesgrenzschutz-Dienststelle aus Swisttal-Heimerzheim die Bewachung. Aus heutiger Sicht wird die Effizienz der Bewachung, mit Ausnahme der Dauer der Stabsrahmenübungen, allerdings als nicht ausreichend angesehen.

Die fertigen Bauteile I und II im Kuxberg konnten im Sommer 1965 ihrer Bestimmung übergeben werden. In beiden Bauteilen existierten eigene Innentanklager mit einem Fassungsvermögen von 646.000 Litern Heizöl. Der Raum für das spätere Außentanklager in Marienthal diente während der Bauphase als überbreiter Bauzugang zum Hauptstollen.

Im Bundeshaushalt wurden die für den Bau notwendigen Finanzmittel bewusst verschleiert, nur über Umwege waren Rückschlüsse über den tatsächlichen

Es gab insgesamt fünf Großküchen (Foto von 1998)

Verwendungszweck möglich. Auch hier stand die Geheimhaltung im Vordergrund.

Ab Mitte der 1950er Jahre wurde in großangelegten Kampagnen bei der Bevölkerung für den Bau privater Schutzräume für den Katastrophenfall geworben. Diese wurden vom damaligen Bundesluftschutzverband Köln koordiniert, der sich später in „Bundesverband für den Selbstschutz" umbenannte. Diese bundeseigene Körperschaft des öffentlichen Rechts warb mit Broschüren und Lehrfilmen bereits in den Schulen für den Bau privater Luftschutzkeller. Da diese Bemühungen jedoch auf so gut wie keine Resonanz in der Bevölkerung stießen, konnten die dafür vorgesehenen Mittel nahezu vollständig für den Bau des Ausweichsitzes im Ahrtal verwendet werden.

Über eine Einbeziehung des sich bis vor Dernau erstreckenden Trotzenbergs herrschte während des Baubeginns im Kuxberg noch eine leichte Unsicherheit. Die Gründe lagen in den problematischeren geologischen Gesteinsschichtungen und den im Trotzenberg erhöhten Grundwasservorkommen. Die lockere Schichtung des Schiefergesteins federte allerdings Stöße sehr gut ab. Dies bot für den darunter liegenden Bunker eine zusätzliche Sicherheit, um die Wirkung des Explosionsdrucks einschlagender Waffen zu mindern.

Im Trotzenberg traten teilweise große Probleme durch Überflutungen, Maschinenunglücke, Gaseinbrüche, Brände, Bergrutsche oder Kohlenmonoxid-Vergiftungen auf. Offizielle Verlautbarungen gab es aus Geheimhaltungsgründen hierzu natürlich keine. Selbst die nächsten Angehörigen von Unfallopfern wurden nur vage informiert. Insbesondere die Sprengstellen 2, 4 und 5 waren kritisch.

2 70 10 Wilhelmstr. 77

2 43 43	**Bundesamt für Zivilschutz** Außenstelle Marienthal	32 41	—
2 88 85	**Bundesbahn** Bahnhof Ahrweiler	3 43 88	—
	Güterabfertigung	3 61 78	
2 82 92	Bahnhof Bad Neuenahr	2 61 24	—

Der amtliche Eintrag der Dienststelle Marienthal im Telefonbuch der Deutschen Bundespost (1980)

Bereits im Sommer 1960 brach an der Sprengstelle 4 der Trotzenbergtunnel stark ein. Innerhalb weniger Tage entstand im darüber liegenden Weinberg ein 15 x 30 Meter großer Krater von 10 Metern Tiefe, der sich in den Folgetagen auf 26 x 25 Meter ausweitete und 25 Meter Tiefe erreichte. Nur durch den Bau eines Stollens konnte die Tunnelröhre wieder hergestellt werden. Bei seiner Vermessung waren an einigen Stellen des Trotzenbergtunnels vor Baubeginn Hohlräume erheblichen Ausmaßes zwischen der Tunnelaußenwand und dem dahinter liegenden Gestein festgestellt worden. An einer solchen Stelle bricht im März 1964 das Bauwerk 294 ein. Ende September bis Anfang Oktober des gleichen Jahres folgen weitere Einbrüche im Trotzenberg. Zwei Tage vor Weihnachten 1964 geschah in Bauwerk 260 der letzte Tunneleinbruch der gesamten Bauphase.

Beim Bauwerk 251 im Trotzenberg kam es im Januar 1965 zum ersten tödlichen Arbeitsunfall. Betroffen war der Bergmann Gerhard Wentzek aus Hachenburg im Westerwald, der als Hauer bei der Siegener Erzbergbau Siegerland AG unter Vertrag war, die für die ARGE blau den Zuschlag für den Westbau erhalten hatte. Wentzeks Familienangehörige erfuhren erst 40 Jahre später die näheren Umstände seines Todes. In der Folgezeit ereigneten sich noch sieben weitere schwere Unfälle mit tödlichem Ausgang.

Da die Bauteile I und II im Kuxberg auch mit den geplanten Bauteilen III, IV und V im Trotzenberg verbunden werden sollten, machte dies eine aufwändige unterirdische Verbindung notwendig. Der Hubach, bis 2023 die Grenze zwischen der Stadt Stadt Bad Neuenahr-Ahrweiler und der Verbandsgemeinde Altenahr, wurde durch einen eigenen Bauabschnitt untertunnelt. Mit Aufzügen und über ein Treppenhaus gelangte man in Marienthal 60 Meter in die Tiefe, von wo aus ein 600 Meter langer Gang die beiden Bauteile II und III miteinander verband. Hier mussten Pumpen rund um die Uhr den Grundwasserspiegel niedrig halten.

Die größte Grundfläche wies das Bauteil III auf, wo insgesamt 134 Büro- und 150 Schlafräume zu finden waren. Verbunden war Bauteil III mit den Nachbarbauteilen IV und V, die insgesamt nochmals 261 Büro- und 285 Schlafräume enthielten. Der Zugang zum Bauteil IV war lediglich über die Bauteile III und V möglich. Über Bauteil IV (West-Mitte) erfolgte die Übergabe des Abwassers, das östlich des „Kaiserstuhl" unterhalb von Marienthal ans öffentliche Netz erfolgte.

Eine der beiden öffentlichen Telefonzellen im geheimsten Bauwerk Deutschlands (Foto von 1998)

Filteranlagen für die Atemluft (Foto von 1998)

Der Eingang des Bauteils V lag bereits in dem zur Verbandsgemeinde Altenahr gehörenden Ort Dernau. Der Bauteil V verfügte über eine etwa einen Kilometer lange Zufahrtstraße, über die der An- und Abtransport von Geräten, Verpflegung und Munition erfolgen sollte. Im Bauteil V wurde eine Abwasserhebeanlage unterhalten, die den Ausgleich zum baulich höher gelegenen Nachbarbauteil IV überbrückte.

Nachdem mehr als 100 Mitarbeiter im „Ausweichsitz der Verfassungsorgane des Bundes“ (AdVB) 1965 ihren Dienstbetrieb aufnehmen konnten, musste die Anlage im Oktober des Folgejahres ihre erste Nagelprobe im Rahmen einer Übung bestehen. Der Regierungsbunker wurde in die große NATO-Stabsrahmenübung FALLEX 66 einbezogen, an der unter anderem auch der spätere Bundeskanzler Helmut Schmidt (1918-2015) als SPD-Fraktionsvorsitzender teilnahm. Erster „Bundeskanzler-Üb“ war Paul Lücke, der damalige Bundesinnenminister.

Vor einem angenommenen drohenden Angriff von Truppen des Warschauer Pakts, nach einem auslösenden Konflikt in Jugoslawien, konnten die Leitungs- und Übungsstäbe der obersten Bundesbehörden die Tauglichkeit des Bunkers zum ersten Mal testen. Der spätere Staatssekretär im Bundesinnenministerium, Wolfram Dorn (1924-2014), hat seine Eindrücke 36 Jahre später in der Veröffentlichung „So heiß war der Kalte Krieg“ anschaulich beschrieben. 1971 war der Bau der fünf Sektionen endgültig abgeschlossen. Insgesamt betrug die Gesamtlänge nun 17,336 Kilometer. Hilfsstollen in einer Länge von 1,664 Kilometer, die während der Bauzeit notwenig waren, wurden nach dem Bauende wieder verfüllt. Hierdurch entstand auch die mitunter zu lesende Fehlinformation in Bezug auf eine

Große Generatoren sicherten die Stromversorgung (Foto von 1998)

Gesamtausdehnung von angeblich 19 Kilometern. Insgesamt 188.023 Quadratmeter oberirdische Grundstücke bedeckten den 100 Meter darunter liegenden Bunker. Die Fläche aller Untertagebauten belief sich auf 83.000 Quadratmeter, der umbaute Raum auf 367.000 Kubikmeter.

Der Bunker verfügte über 936 Schlafräume auf einer Fläche von 136.000 Quadratmetern, 897 Büro- und Konferenzräume mit 12.600 Quadratmetern Fläche. Fünf Großküchen konnten täglich Mahlzeiten für jeweils 600 Personen zubereiten. Hierzu wurden fünf Speisesäle unterhalten. Bei Übungen wurden die Großküchen durch Soldaten der Marineversorgungsschule List auf Sylt betrieben. Der Komplex verfügte über fünf Kommandozentralen, vier Sanitätsbereiche, eine Druckerei, einen Friseursalon sowie mehrere Innentanklager. Im umfangreichen Ersatzteillager war jede kleinste Schraube in dreifacher Ausfertigung vorhanden.

Der Westdeutsche Rundfunk Köln stattete 1965 ein komplettes Sendestudio für den Ernstfall aus. Von hier aus konnte das Staatsoberhaupt im Ernstfall die Bevölkerung via Hörfunk und Fernsehen mit einer vorbereiteten Rede informieren.

Im nahen Eifelwald bot sich dem Betrachter ein seltsames Antennenfeld, das zur wenige Kilometer entfernten „Sonderbetriebsstelle Kesseling 0“ bei Staffel gehörte. Eine eigene Fernmeldeleitung existierte zudem zwischen dem Bunker und dem 531 Meter hoch gelegenen Steinerberg, oberhalb von Rech.

Im rund 30 Kilometer entfernten Ort Kirspenich bei Bad Münstereifel befand sich die abgesetzte Funkstelle unter dem Tarnnamen „Polizeihauptfunkstelle Kirspenich“ oder „THW 3“. Im Regierungsbunker waren etwa 4.000 Diensttelefone installiert.

Eingangsbereich Bauteil 1 Ost/Ost Kuxbergtunnel, hier befindet sich heute die Dokumentationsstätte. Die Schalung der Splitterschutzwand ist in Arbeit (Foto: Werner Mertens)

Zusätzlich hatte der Fernmeldedienst der Deutschen Bundespost im West- und im Ostteil je eine gelbe Telefonzelle mit öffentlichem Münzfernsprecher installiert, die von den 174 Mitarbeitern (Stand 1997) für Privatgespräche genutzt werden konnten. Für die Beförderung von Schriftstücken innerhalb der weit verzweigten Anlage bestand eine mit Druckluft betriebene vieradrige Rohrpostanlage.

Ein Teilstück der Bundesautobahn A 61, südlich des Meckenheimer Kreuzes vor dem Autobahndreieck Bad Neuenahr-Ahrweiler, war als Behelfsflugplatz für Militärkampfjets konzipiert. In diesem Teilabschnitt der Autobahn war der Mittelstreifen auf einer Länge von 1900 Metern durchgehend asphaltiert und die darauf montierten Leitplanken konnten im Ernstfall rasch demoniert werden. Auch alle Bundesländer der Bundesrepublik verfügten bis zur Wende über eigene Ausweichsitze. Der Landesbunker Rheinland-Pfalz befand sich im rheinhessischen Alzey unter einer Schule und war bis 1992 rund um die Uhr einsatzbereit.

Über eine eigene Fernmeldezentrale konnte die Verbindung zur Außenwelt mittels Telefonen und verschlüsselten Fernschreiben zu den Kommandozentralen der NATO-Mitgliedsstaaten aufrecht erhalten werden. Für die Verschlüsselung der Nachrichten dienten spezielle Kryptogeräte.

Unter dem Eintrag „Bundesamt für Zivilschutz – Außenstelle Marienthal" war die Verwaltung des AdVB offiziell im örtlichen Telefonbuch des Ortsnetzes Bad Neuenahr-Ahrweiler eingetragen. Daneben existierte eine telefonische Geheim-Nummer, die von der Bundesbaudirektion in Auftrag gegeben worden war. Interessanter Weise erschien diese als „geheim" eingestufte Ruf-Nummer regelmäßig in

60 Meter tiefer lag der Verbindungsgang zwischen den beiden Tunnelröhren (Foto: Werner Mertens)

den frei zugänglichen Behördenverzeichnissen der Bundespost, die den amtlichen örtlichen und regionalen Telefonverzeichnissen vorgeschaltet waren, unter dem Eintrag „Bundesbaudirektion Marienthal".

Jeder der 174 Mitarbeiter verfügte über ein eigenes Dienstfahrrad, sowie über permanent mitzuführende Notfallutensilien, wie eine Taschenlampe und eine Atemschutzhaube. Für den Materialtransport konnten Elektrofahrzeuge genutzt werden. Aus 40 Mitarbeitern rekrutierte sich die eigene Werksfeuerwehr, die regelmäßig Übungen im Bunker abhielt.

Der Bunker berührte topografisch die Gemarkungen Dernau, Ringen, Vettelhoven und Ahrweiler. Die 60 bundeseigenen Grundstücke hatten eine Gesamtflächengröße von 19 Hektar.

Nicht nur unter der Bevölkerung des Ahrtals kursierten zahlreiche Phantasien über den Regierungsbunker. Zu den im Umlauf befindlichen Gerüchten zählte beispielsweise die Vermutung, dass sich zwischen dem Bundesverteidigungsministerium auf dem Bonner Hardtberg und dem Regierungsbunker ein unterirdischer Verbindungsgang befunden habe. Selbst die Staatssicherheit in Ost-Berlin hielt diese abenteuerliche Geschichte für realistisch. Hintergrund war die Namensgleichheit mit der Weinlage Hardtberg in Dernau unter der der Regierungsbunker verlief.

Obwohl offiziell nur Bundeskanzler Ludwig Erhard die Anlage besucht hat, waren inoffiziell alle deutschen Kanzler während des Kalten Krieges einmal im Bunker. An mehreren NATO-Übungen hat auch die im nahen Oberwinter wohnende

Petra Kelly auf der Demonstration in Marienthal (Foto: Alfred Kerger)

SPD-Politikerin Annemarie Renger (1919-2008) teilgenommen. Die spätere Bundestagspräsidentin erinnerte sich mit dem markanten Satz „Es ist düster – auch wenn das Licht an ist“, an die beklemmende Enge in der Anlage. Von 1978 bis 1982 war Gerhart Baum (FDP) Bundesinnenmister, der ebenfalls bei einigen Stabsrahmenübungen im Bunker als „Bundeskanzler Üb“ fungierte.

Während der Friedensbewegung zu Beginn der 80er Jahre geriet auch der Bunker in den Fokus der Öffentlichkeit. Am 4. April 1981 protestierte der Düsseldorfer Kunstprofessor Joseph Beuys (1921-1986) während einer Demonstration gegen den NATO-Doppelbeschluss unter anderem mit Grünen-Vorstandssprecherin Petra Kelly (1947-1992) und Literaturnobelpreisträger Heinrich Böll (1917-1985) vor dem Regierungsbunker in Marienthal. Ein am Zaun angebrachtes Metallschild mit der Aufschrift „Unbefugten ist Zutritt untersagt – BzS Außenstelle Marienthal“ signierte er mit dem Zusatz „dies ist nicht mein Bunker - JOSEPH BEUYS“.

Die letzte Stabsrahmenübung WINTEX/CIMEX 89 begann im Frühjahr 1989 noch mit einer Vollbelegung von 2.800 Personen. Im Rahmen der Übung sollte die Freigabe von Atombombenabwürfen auf das Gebiet der DDR erfolgen, was die deutsche Delegation ablehnte und daraufhin die Übung verließ. Dies führte zu einem vorzeitigen Abbruch von WINTEX/CIMEX 89.

Mit den Veränderungen ab 1990 in Europa, dem Ende des Warschauer Paktes und der Deutschen Einheit, entfiel das vorrangige Bedrohungsszenario, in den neuen sicherheitspolitischen Überlegungen spielte der Regierungsbunker keine besondere Rolle mehr.

Daten zur Dimension
„Ausweichsitz der Verfassungsorgane des Bundes"

Reichsbahntunnel: 7,50 m Sohlbreite, 8,50 m Breite in 2,60 m Höhe, 7,20 m Firsthöhe
17,336 km Gesamtlänge aller Stollen
188.023 m^2 Bundeseigene oberirdische Grundstücksfläche
83.000 m^2 Fläche unterirdischer Bauten
367.000 m^2 umbauter Raum
85-112 m Tiefe unter dem Ahrgebirge
5 autarke Bauteile
30 Tage Überlebensdauer im Krisenfall für 3.000 Personen
936 Schlafräume (13.600 m2)
897 Büro- und Konferenzräume (12.600 m2)
5 Großküchen und Speisesäle für jeweils 600 Personen
5 Kommandozentralen
4 Sanitätsbereiche mit OP-Saal und eigener Küche
1 Zahnärztliche Station
1 Sitzungssaal des Gemeinsamen Ausschusses (nach Artikel 53a GG)
1 Druckerei
1 Friseursalon
1 Zentrallager
8 Brunnen (43 m tief) und 5 Zisternen lieferten bis zu 58 m^3/h Trink- und Brauchwasser
36 Verbindungswege zur Außenwelt
3 Außenantennen aus gespannten Drahtantennen und eine drehbare Log- Periodic
Richtantenne für Kurzwellenempfang
1 ausfahrbare 16 m lange Teleskopantenne (sog. „Papstfinger") im Außenbauwerk 197
3 Außen- und 4 Innentanklager mit etwa 1,8 Millionen Liter Fassungsvermögen für Dieselöl
4,72 Mrd. DM geschätzte Gesamtkosten von der Planung bis zur Aufgabe 1997
40,8 Mio. DM jährliche Betriebskosten Instandhaltunng, Personal, Verbrauch (1989)
1,6 Mio DM Stromkosten jährlich
8 Mio DM Kosten für Bewachung des Objekts jährlich
55.000 DM Abwassergebühren jährlich
ca. 16,4 Mio. EUR Kosten Rückbau
203 m Länge Dokumentationsstätte (& Teilstück 20 m Sanitätsstollen)
5.383 m2 Gesamtfläche Dokumentationsstätte inkl. Empfangsgebäude u. Vortragssaal
2,5 Mio. EUR Kosten Neubaumaßnahmen Dokumentationsstätte
Besucherzahl von einer Million überschritten (Juni 2023)

Rückbau und Dokumentationsstätte

Ab Mitte der 1990er Jahre machten sich auch erstmalig Bundestagsabgeordnete öffentlich Gedanken über die Zukunft der Anlage. In dem 1996 vorgelegten Entwurf zum Bundeshaushalt für 1997 war der AdVB, unter dem Haushaltstitel „Dienststelle Marienthal", mit einer Summe von 22 Mio. DM für laufende Betriebskosten ausgewiesen, die sich in diversen Einzelhaushaltsplänen verbargen, so auch im Etat des Innenministeriums oder des Bundespostministeriums. Über Geheimprojekte dieser Art hatte das zuständige Vertrauensgremium des Haushaltsausschusses zu entscheiden. Erst 2013 wurde das tatsächliche Volumen der laufenden Betriebskosten bekannt, das bei über 40 Millionen DM jährlich lag.

Der Vizepräsident des Deutschen Bundestages Burkhard Hirsch (FDP) nannte die Ausgaben für den Bunker „den größten Schwachsinn, der zur Zeit irgendwo in deutscher Erde vergraben wird".

Auch die Abgeordnete Uta Titze-Stecher (SPD) äußerte sich ähnlich und bezeichnete die Anlage „überflüssig wie ein Kropf".

Die Anfrage des Abgeordneten Wolfgang Weng (FDP), die verdeckten Kosten für den Bunker künftig im Haushalt offen darzustellen, wurde mit den Stimmen der Unionsfraktion im Bundestag abgelehnt.

Bundesinnenminister Manfred Kanther hatte sich im Februar 1997 bei einem Besuch im AdVB noch dafür ausgesprochen, die Anlage innerhalb der nächsten zehn Jahre mit einem Aufwand von rund 93 Mio. DM technisch auf den neuesten Stand zu bringen. Die größten Investitionen machten die völlig unzureichenden Brandschutzmaßnahmen aus, auch vor dem Hintergrund der Brandkatastrophe am Flughafen Düsseldorf, die sich kurz zuvor ereignet hatte. Trotzdem sollte die Zukunft für die Liegenschaft dann doch anders verlaufen.

Am 11. Februar 1998 erklärte der Innenminister gegenüber dem Innenausschuss des Deutschen Bundestags, die Anlage sei in ihrem derzeitigen Zustand nicht funktionsfähig. Die jährlichen Betriebskosten erschienen der Regierung letztlich zu hoch, um den weiteren Bestand der Anlage zu rechtfertigen. Die zu schützende Exekutive mit dem Parlament lag nach dem 1999 erfolgten Wegzug nach Berlin ohnehin 650 Kilometer vom Ahrtal entfernt.

Foto links:
Blick von der Dokumentationsstätte in die entkernte Tunnelröhre

Rechts und links des alten Splitterschutzgebäudes gliedern sich die Neubauten mit dem Eingangs-Foyer und dem Kinosaal an.

Da der Warschauer Pakt zudem nach dem Fall des Eisernen Vorhangs zerfiel, war auch eine direkte feindliche Bedrohung für das wiedervereinigte Deutschland nicht mehr gegeben. Das Bundeskabinett Kohl beschloss daher am 9. Dezember 1997 den „Ausweichsitz der Verfassungsorgane des Bundes im Krisen- und Verteidigungsfall zur Wahrung von deren Funktionstüchtigkeit" aufzugeben. Somit fiel der jahrelang gehütete Schleier der Geheimhaltung von diesem Bauwerk ab.

Das Bundesministerium des Innern musste sich, gemeinsam mit dem Bundesministerium für Bauwesen und Raumordnung, um die Abwicklung der Regierungsstadt unter dem Rotweinwanderweg kümmern. Das Bundesvermögensamt Koblenz schrieb die Anlage am 12. Juni 1998 öffentlich zum Verkauf aus. Von insgesamt 90 Interessenten gaben 16 bis zum 15. September 1998 ein ernst zu nehmendes Angebot ab. Zahlreiche Bewerbungsvorschläge gingen ein, die von Gewerbe- und Forschungszwecken, bis hin zum Gastronomiebetrieb, Champignonzucht oder Weinkeller reichten. Auch über eine dauerhafte Lagerung der D-Mark-Bestände nach der Einführung des EURO wurde nachgedacht.

Da kein Investor einen tragfähigen Finanzierungsvorschlag zum Betrieb einreichte, entschloss sich der Bund im Februar 1999 die Anlage zu entkernen und zu versiegeln. Mehrere namhafte Fotografen, wie Jupp Darchinger, Andreas Magdanz oder Werner Mertens konnten in der Zeit vor dem Rückbau Foto-Dokumentationen über den Bunker erstellen.

Der Auftakt zur Dokumentationsstätte
(Foto: Kajo Meyer)

Im August 2001 wurde mit dem Rückbau begonnen. Da in den 1960er und 1970er Jahren noch vermehrt Giftstoffe beim Bau verwendet worden waren, mussten nun alle ökologisch geltenden Vorschriften für deren sachgerechte Entfernung einghalten werden. Selbst die Farbschichten musste von den mit Stahlbeton ausgekleideten Tunnelwänden abgekratzt werden, da sonst durch einsickerndes Bergwasser eine Verunreinigung des Grundwassers zu befürchten war. Insgesamt wurden rund 8.000 LKW-Ladungen Rückbaumaterial über die „Bunkerstraße" von Marienthal Richtung Grafschaft-Holzweiler aus der Anlage abtransportiert. Die Anlage steht heute im Eigentum der BIMA (Bundesanstalt für Immobilienaufgaben) Bonn.

Hierzu zählten Stahlrohrmöbel, Lüftungsanlagen, Großküchen mitsamt großer Vorräte an Nahrungsmitteln, Fernmeldeanlagen, sowie Leitungen in einer Länge von mehreren hundert Kilometern ebenso, wie noch mit Kraftstoffen befüllten Tankanlagen. Alle in der Anlage verwendeten Bauteile, von der kleinsten Unterlegscheibe bis zum Großaggregat wurde in zweifacher Ausfertigung im Lager des Bunkers bevorratet. Auch dieser immense Lagerbestand musste nun abtransportiert werden.

Einige Einrichtungsgegenstände fanden noch eine sinnvolle Zweitverwendung. Die Bettgestelle wurden an Krankenhäuser und Kinderheime an das durch den Jugoslawienkrieg verwüstete Bosnien geliefert. Die dazugehörigen Matratzen traten eine Reise nach Übersee an und kamen nach Kuba, wo der Kalte Krieg auch langsam seinem Ende entgegen sah.

Rettungs- und Bergungsgerät

Am 11. September 2001 hat man den Rückbau für einen Tag unterbrochen. Das Innenmisterium verfügte den kurzzeitigen Baustopp nach den Terroranschlägen auf das World-Trade-Center in New York und das Pentagon in Arlington.

Die Gesamtkosten für den Rückbau wurden vom Bundesamt für Bauwesen und Raumordnung in Bonn (BBR) mit 16,4 Mio. EUR angegeben, geschätzt werden sie auf das Doppelte. Bereits zu Beginn des Rückbaus, kam anlässlich der Eröffnung der Bunker-Foto-Ausstellung des Ahrweiler Fotografen Werner Mertens, am 30. November 2001 im Museum der Stadt Bad Neuenahr-Ahrweiler, in den Begrüßungsansprachen die Idee von einem geplanten Museum auf. Diese Möglichkeit hatte sich dann jedoch zunächst wieder zerschlagen. Vor Beendigung des Rückbaus (Juni 2006) konnte doch noch eine Lösung für einen dauerhaften Erhalt eines Teilstücks zur musealen Nutzung gefunden werden, was im Wesentlichen auf die Unterschreitung der ursprünglich für den Rückbau budgetierten Kosten zurückzuführen war. Man hatte doch noch erkannt, dass die historische Bedeutung eine Erhaltung für die Nachwelt unbedingt rechtfertigen würde.

Der Heimatverein „Alt Ahrweiler" hat sich bereit erklärt, die Trägeschaft für einen Museumsbetrieb zu übernehmen. Der Eingang sollte nicht am früheren Haupteingang in Marienthal, sondern am Ostportal oberhalb der Roemervilla geschaffen werden.

Nach notwendigen Anbauarbeiten am Eingang ist somit ein Teilabschnitt von 203 Metern Länge als „Dokumentationsstätte Regierungsbunker" seit dem 3. März 2008 für die Öffentlichkeit zugänglich, die bis 2019 über 900.000 Besucher zählte.

Küchenutensilien

Das Bundesamt für Bauwesen und Raumordnung (BBR) unter der Leitung von Florian Mausbach war Bauherr der Anbaumaßnahmen, mit denen im November 2006 begonnen werden konnte.

Die Planungen für den Museumsneubau stammen von der Bonner Architektengemeinschaft Schroeder + Schevardo BDA. Die Erstellung der Dokumentationsstätte, auf einer Fläche von 5.838 Quadratmetern, kostete 2,5 Mio. EUR. Zu Beginn des Jahres 2008 konnten die Arbeiten am neuen Empfangsgebäude und dem Vortragssal abgeschlossen werden.

Die Konzeption der Ausstellung stammt von Dr. Jürgen Reiche, Berlin und Prof. Dipl.-Ing. Jan Fiebelkorn-Drasen, Potsdam.

Durch die Flutkatastrophe im Ahrtal vom 14./15.07.2021 war die rund 40 Meter über dem Flusstal liegende Dokumentationsstätte nur indirekt betroffen. Die Stromversorgung fiel als Folge der Flut über einen längeren Zeitraum aus. Ein Aggregat sorgte während dieser Zeit für eine Notstromversorgung. Für die Gäste bot man Taschenlampenführungen an, die auch nach Wiederinbetriebnahme des Stromnetzes großen Anklang finden.

Bei der Sonderführung „Verschlusssache - Geheim-Streng Geheim“ gehen die Führungen nun auch einige Meter hinter das große Stahlgitter in den entkernten Bereich der Anlage. Geplant ist eine Fortführung bis zum rd. 1200 Meter entfernten früheren Haupteingang in Marienthal. Die Führung wird dann auch am früheren großen Plenarsaal vorbeiführen, in dem das Notparlament in Krisenzeiten seine Sitzungen abgehalten hätte.

Eine von insgesamt fünf Kommandozentralen, die rund um die Uhr mit jeweils vier Personen besetzt war.

Grundriss der Dokumentationsstätte

(ohne Außengebäude)

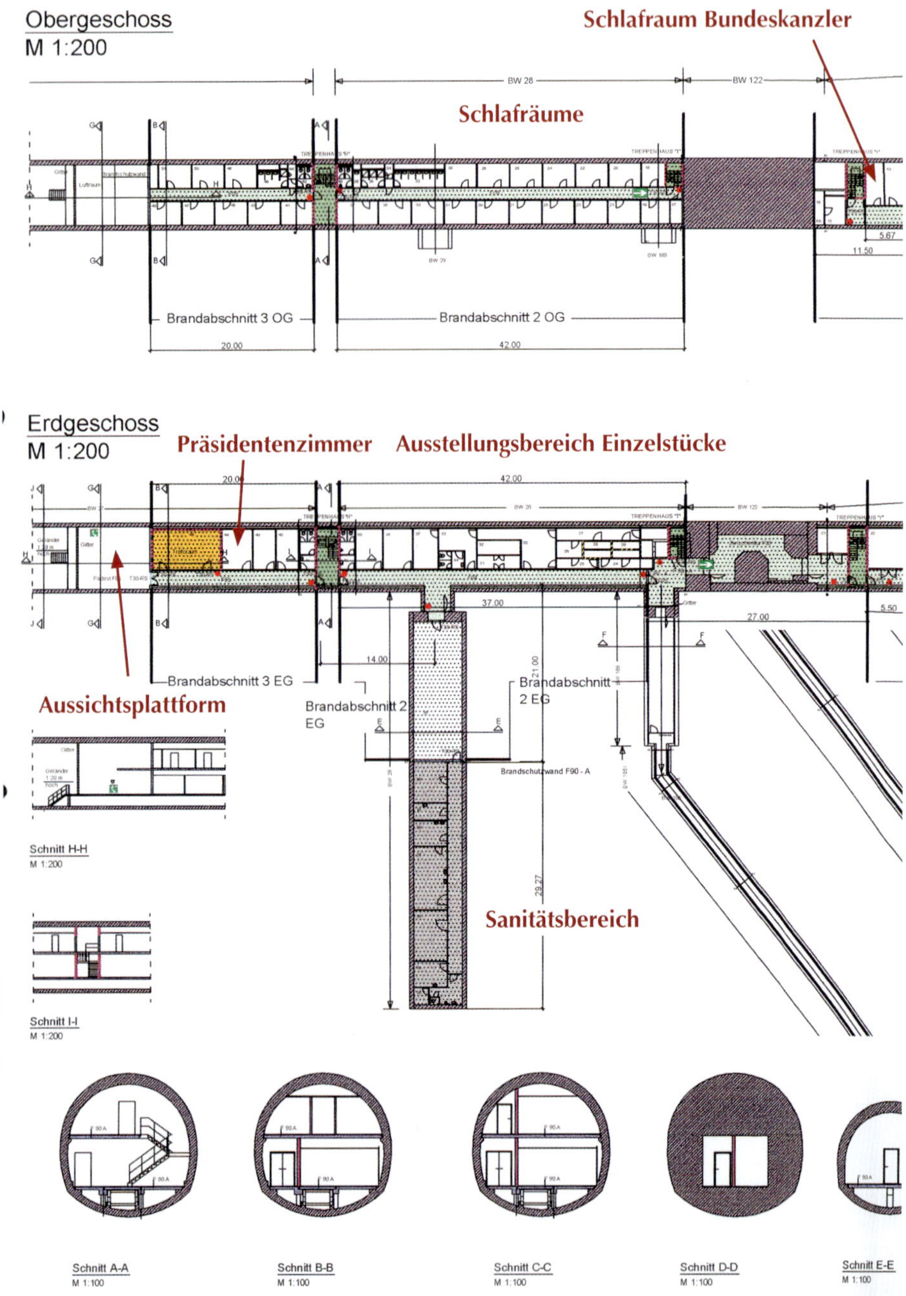

Obergeschoss
M 1:200

Schlafraum Bundeskanzler

Schlafräume

BW 28
BW 122
5.67
11.50
Brandabschnitt 3 OG
Brandabschnitt 2 OG
20.00
42.00

Erdgeschoss
M 1:200

Präsidentenzimmer

Ausstellungsbereich Einzelstücke

20.00
42.00
37.00
27.00
5.50
14.00
Brandabschnitt 3 EG

Aussichtsplattform

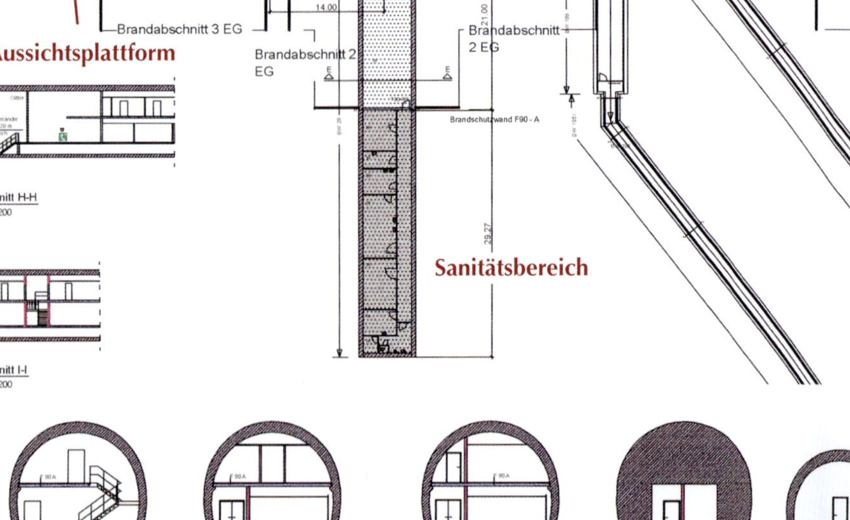

Schnitt A-A
M 1:100

Schnitt B-B
M 1:100

Schnitt C-C
M 1:100

Schnitt D-D
M 1:100

Schnitt E-E
M 1:100

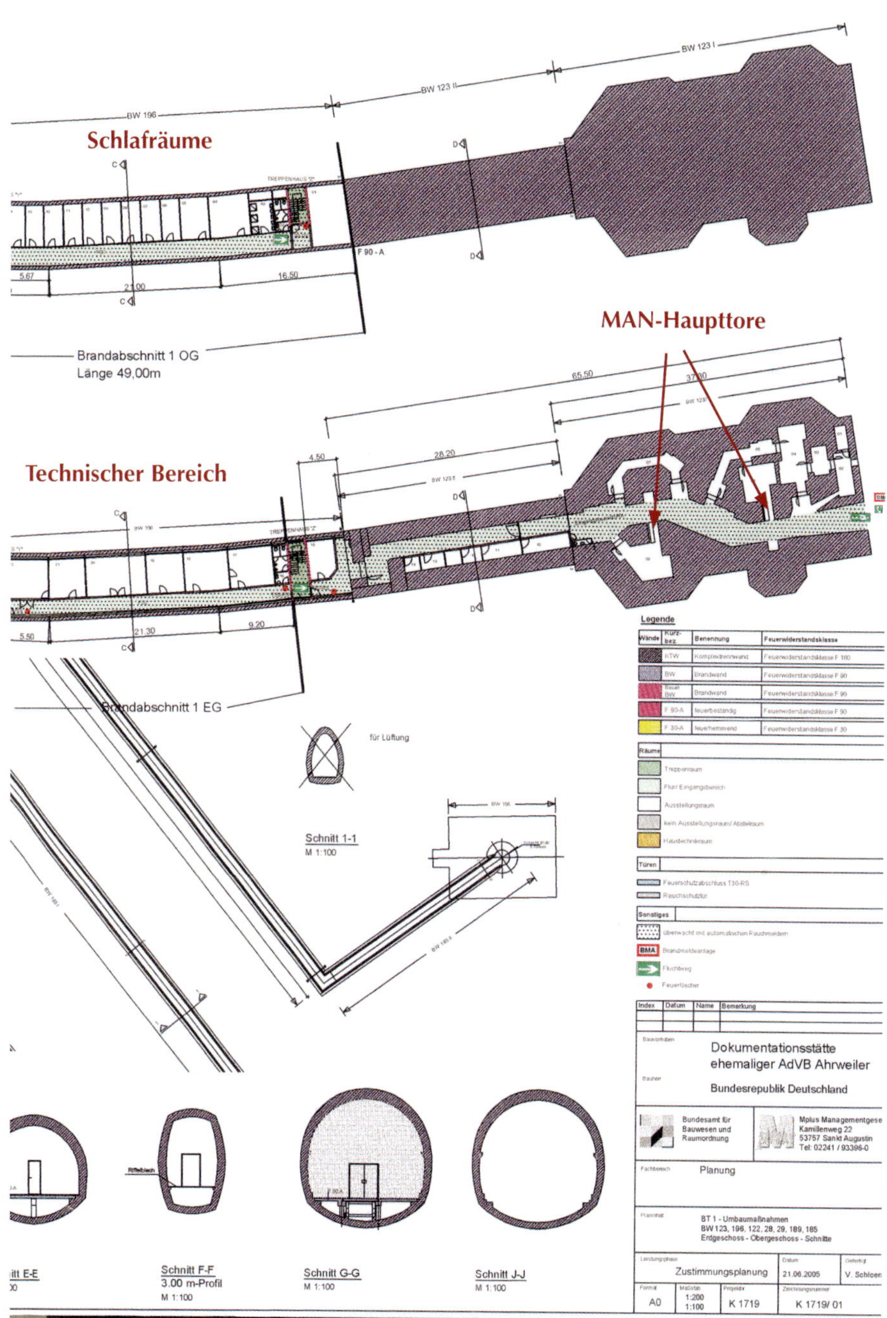
Schlafräume
Technischer Bereich
MAN-Haupttore
Brandabschnitt 1 OG
Länge 49,00m
Brandabschnitt 1 EG
für Lüftung
Schnitt 1-1
M 1:100
Legende
Dokumentationsstätte
ehemaliger AdVB Ahrweiler
Bundesrepublik Deutschland
Planung
Zustimmungsplanung
21.06.2005
K 1719
K 1719/ 01
Schnitt F-F
3.00 m-Profil
M 1:100
Schnitt G-G
M 1:100
Schnitt J-J
M 1:100

Das Architektur-Modell des Eingangsbereiches
Abbildungen: Schroeder + Schevardo, Architekten BDA

Die Museumsarchitektur

Die Dokumentationsstätte bietet sich dem Betrachter von außen als ein mittenbetontes, dreigliedriges Ensemble. Zentrales Element ist das alte Splitterschutzgebäude, welches mit Erde bedeckt und zu Tarnzwecken bewachsen war, und den Bunkereingang abschirmt. Rechts und links schließen in der Bauflucht der frontalen Splitterschutzwand zwei Neubauten an, die durch eine geringere Höhe und ihr Material deutlich abgesetzt sind. Zudem rücken vertikale Glasschlitze die neue von der alten Architektur ab.

Für das verantwortliche Architekturbüro Schroeder + Schevardo BDA aus Bonn war der bewußte Umgang mit dem historischen Bestand eine wesentliche Prämisse des Entwurfes. Geschichte sollte nicht überlagert und weggenommen, sondern in den, für einen Museumsbetrieb notwendigen, Neubauten integriert und deutlich sichtbar bleiben. Unter dieser Vorgabe bestimmte das Splitterschutzgebäude den gestaltenden Raum und ließ nur begrenzt Platz für den Neubau.

Der Zugang zur Dokumentationsstätte erfolgt von Süden über das mit einer raumhohen Verglasung belichtete Foyer. Die Rückseite des Raumes wird von einem Teil der alten Böschungswand aus Beton gebildet. Vom Foyer aus führt der Weg in den Vortrags- und Ausstellungsraum. Die Helligkeit wird stufenweise an den tageslichtlosen Bunker angepasst. In den Überlegungen zur Fassadengestaltung der neuen Gebäudeteile nahm die Frage nach dem passenden Material lange Zeit in Anspruch.

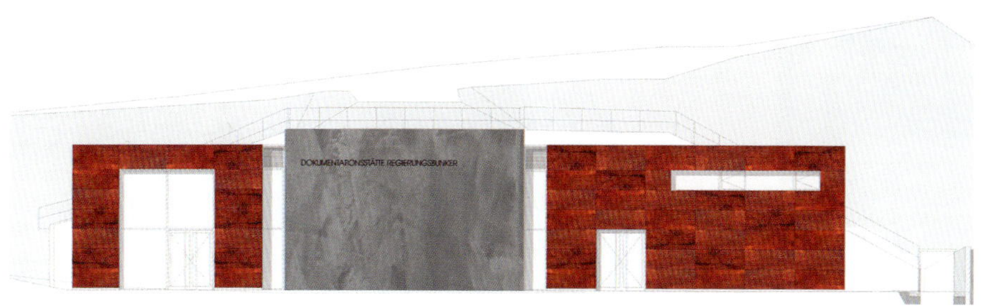

Schließlich fiel die Entscheidung zugunsten einer Verkleidung aus großflächig vorgehängten Platten aus Cor-Ten-Stahl. Dieses Material wurde gewählt, da es aufgrund der Rohheit und Kälte der Oberfläche und der Verwandtheit mit den Betonoberflächen und Stahlelementen des Bunkers eine gute Verbindung zwischen alten und neuen Elementen schafft. Im Laufe der Zeit setzt der Stahl eine rotbraune Patina an, die einen kalt-warmen Farbkontrast innerhalb des Ensembles herstellt.

Die tief im Ahrgebirge eingebettete Anlage lässt übrigens auch heute noch keinen Netzempfang von Mobilfunkanbietern zu.

Im Jahr 2010 hat die Bundesvermögensverwaltung Koblenz das als Verwaltungssitz des Bunkers genutzte Herrenhaus (Villa Merren) aus dem Jahre 1910 – gemeinsam mit dem daneben stehenden Äbtissinnenhaus (erbaut 1762) – in Marienthal an einen privaten Investor veräußert.

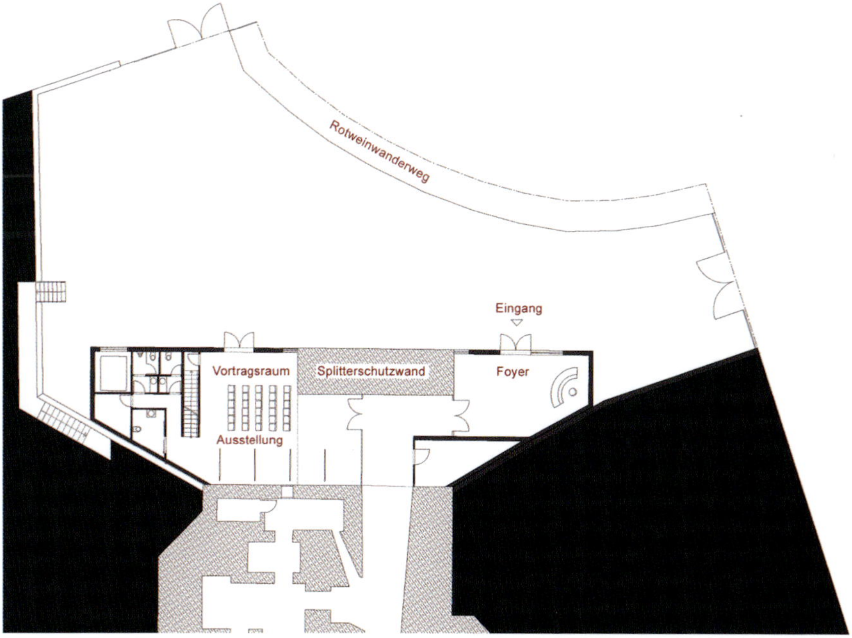

Verheißt Sicherheit: Eines der 25 Tonnen schweren Tore zur Sicherung der Tunneleingänge ist heute am Eingang Nr. 123 noch betriebsbereit. Für den Fall eines Stromausfalls gab es eine Handkurbel, um das Tor manuell zu bewegen. (Foto: Kajo Meyer)

Das MAN-Rolltor

Eines der technisch besonders beeindruckenden Details sind die Haupttore zur Verriegelung der Tunneleingänge. Jeweils zwei von ihnen schützten die Bunkerzugänge, eines blieb sicherheitshalber immer geschlossen.

Die Firma MAN wurde mit der Entwicklung der Eingangstore des Regierungsbunker beauftragt. Das Werk in Gustavsburg bei Mainz, das für schweren Wasserbau forschte und konstruierte, übernahm den Auftrag.

Die Entwicklung auf dem Papier kostete damals bereits 150.000 DM. Als Lösung präsentierte MAN ein 25-Tonnen schweres Eingangstor, das innerhalb von 15 Sekunden den Eingang verschließt. Zwei Tore werden an jedem Eingang eingebaut. Die Hitzebelastung wird mit 8.000-10.000 Grad Celsius, über eine Dauer von 5 Sekunden angegeben. 30 atü soll das Drucktor aushalten, zusätzliche Anpresszylinder sorgen für einen „dichten“ Verschluss. Während der Betriebszeit wurde das Tor zweimal täglich auf und wieder zugefahren.

Zeittafel

1913	28. Mai: Anleihegesetz der Reichsregierung für den zweigleisigen Bau der Bahnstrecke Liblar-Rech (Ruhr-Mosel-Entlastungslinie)
1913/4	Winter: Baubeginn der Bahnstrecke Liblar-Rech
1914	August: Ausbruch des I. Weltkriegs
1916	16. Dezember: Durchstich beim Kuxbergtunnel (1.273 m)
1918	11. November: Waffenstillstandsabkommen von Compiègne beendet den I. Weltkrieg
1921	Herbst: Grundsteinlegung für den Bau des Viadukts im Adenbachtal
1923	2. März: Baustopp für die Ruhr-Mosel-Entlastungslinie aufgrund ihrer strategischen Bedeutung durch die französische Besatzungsmacht
1935	20. September: Gründung der „Ahr-Edelpilz-Zuchtgenossenschaft e.G.m.b.H." Ahrweiler
1943	Ende der Champignonzucht und Umwandlung der Tunnel in Produktionshallen für die Rüstungsindustrie (Lager Rebstock)
1944	September: Für drei Wochen Durchgangslager (KZ-Außenlager) für Häftlinge der Firma Volkswagen in Dernau („V1") September-Dezember: KZ Außenlager („V2") im Hubachtal
1945	8. Mai: Ende des II. Weltkriegs
1947	Sprengung der Tunnel durch die französische Besatzungsmacht
1949	24. Mai: Gründung der Bundesrepublik Deutschland
1953	Errichtung der THW-Bundesschule im Kloster Marienthal
1955	9. Mai: Beitritt der Bundesrepublik Deutschland zur NATO
1958	Planungsbeginn am Geheimprojekt „Bunker" mit erster Baubestandsaufnahme des Kuxberg- und Trotzenbergtunnels
1962	Baubeginn der Anlage „Ost" des Regierungsbunkers im Kuxbergtunnel
1964/5	Einrichtung eines Sendestudios durch den WDR Köln im Regierungsbunker
1965	Fertigstellung der Anlagenteile I und II („Ost/Ost" u. „Ost/West") im Kuxberg
1966	Erste NATO-Übung im Bunker
1971	Fertigstellung des Anlagenteile III, IV u IV („West/Ost", „West/Mitte" u. „West/West") im Trotzenberg
1989	Letzte NATO-Übung („WINTEX/CIMEX") im Bunker
1989	9. November: Öffnung der innerdeutschen Grenze und der Berliner Mauer
1997	9. Dezember: Beschluss des Bundeskabinetts den Regierungsbunker aufzugeben
1998	Mai: Aufhebung des Geheimhaltungsstatus für die Anlage
2001	Beginn des Rückbaus
2006	Ende des Rückbaus im ehem. Bauteil I („Ost/Ost")
2008	1. März: Eröffnung der „Dokumentationsstätte Regierungsbunker" (203 m) 17. November: Bundespräsident Horst Köhler besucht die Dokumentationsstätte
2009	Januar: Die Dokumentationsstätte wird unter Denkmalschutz gestellt. Mai: Aufnahme in die Reihe Europäischer Kulturgüter „Europa-Nostra-Award"
2018	20. April: Ministerpräsidentin Malu Dreyer besucht die Dokumentationsstätte

An der Geschichte des Bunkers beteiligte Personen

Nachfolgende Aufstellung gibt einen Überblick über die bekanntesten Personen, die seit der Kaiserzeit mit dem Bauwerk in Berührung kamen.

Konrad Adenauer (1876-1967)
1949-1963 erster Bundeskanzler der Bundesrepublik Deutschland. In seinem Kabinett fiel die Entscheidung zum Bau des Regierungsbunkers im Ahrtal.

Theobald von Bethman-Hollweg (1856-1921)
1909-1917 Deutscher Reichskanzler.
Sein Kabinett verabschiedete die Finanzierung der Teilstrecke Liblar-Rech des Projekts Ruhr-Mosel-Entlastungslinie.

Joseph Beuys (1921-1986)
Professor an der Kunstakademie Düsseldorf, Bildhauer und Zeichner. Engagierte sich seit Ende der 70er Jahre politisch bei der Partei Die Grünen und nahm am 4.4.1981, gemeinsam mit Petra Kelly (1947-1992) an einer Friedensdemo vor dem Bunkereingang teil.

Theodor Blume (1865-1921)
1900-1921 Bürgermeister von Ahrweiler.
In seine Amtszeit fiel der Baubeginn der Ruhr-Mosel-Entlastungslinie.
Nach dem I. Weltkrieg kurzzeitig von der US-Besatzungsmacht in Haft genommen.

Wernher Freiherr von Braun (1912-1977)
Ingenieur und Raketentechniker. Konstrukteur der V2-Rakete.
War im März 1944 in Ahrweiler, um die Waffenproduktion im Lager Rebstock zu besprechen. Seine Rolle im Dritten Reich ist nicht nur wegen seiner Mitgliedschaft in der SS sehr umstritten.

Carl Commeßmann (1862-1926)
1897-1926 Bürgermeister von Rheinbach.
Seit 1904 Vorsitzender des gemeinsamen Planungsausschusses der Landkreise Euskirchen, Rheinbach und Ahrweiler zum Bau der Ruhr-Mosel-Entlastungslinie.

Gustav Heinemann (1899-1976)
1969-1974 dritter Bundespräsident der Bundesrepublik Deutschland.
War 1949/50 Bundesinnenminister, trat aber aufgrund der von Adenauer eingeleiteten Wiederbewaffnung im Oktober 1950 zurück. Das Bundesinnenministerium koordinierte die Suche nach einem geeigneten Ort für den Regierungsbunker. Die weiteren Schritte veranlasste dann Heinemanns Nachfolger, Robert Lehr (1883-1956).

Herbert Hennig (1922-2003)
Dipl.-Ingenieur. Seit 1958 stellv. Oberbauleiter des Regierungsbunkers.
Nach seinem Tod wurden im Heimatjahrbuch Kreis Ahrweiler, Ausgabe 2004, interessante Details zur Gründungsphase veröffentlicht.

Paul Lücke (1914-1976)
Von 1957-1965 Minister für Wohnungsbau, 1965-68 Bundesminister des Inneren. War 1. Fungierte unter anderem als Bundeskanzler-Üb (übungshalber) im Regierungsbunker.

Florian Mausbach (*1944)
Dipl.-Ingenieur, Stadtplaner. 1995-2009 Präsident des Bundesamtes für Bauwesen und Raumordnung (Bonn u. Berlin). In seiner Amtszeit entstand die Dokumentationsstätte Regierungsbunker.

Raymond Poincaré (1860-1934)
1922-1924 Französischer Ministerpräsident; veranlasste am 13. Januar 1923 die Besetzung des Ruhrgebiets und den Baustopp an der Ruhr-Mosel-Entlastungslinie.

Alfred Graf von Schlieffen (1833-1913)
Generalfeldmarschall des Heeres. Die Ruhr-Mosel-Entastungslinie war strategisch in den nach ihm benannten Schlachtplan eingebunden.

Helmut Schmidt (1919-2015)
1974-1982 fünfter Bundeskanzler der Bundesrepublik Deutschland.
Nahm an der ersten Fallex-Übung 1966 während seiner Zeit als SPD-Fraktionsvorsitzender im Deutschen Bundestag teil.

Paul Walter (1899-1976)
Dr. Ing. Architekt in der DSBI (Deutsche Societät Beratender Ingenieure) Essen. Gemeinsam mit seinem Sohn, Dr. Hans Walter (1929-2017), Konstrukteur des Regierungsbunkers.

Literaturverzeichnis

Bertram, Matthias, Untertageverlagerung Geheimkommando „Rebstock“ – Menschen und Fakten, Erinnerungskultur in Deutschland, Aachen 2018

Bundesamt für Bevölkerungsschutz und Katastrophenhilfe (BBK), 50 Jahre Zivil- und Bevölkerungsschutz in Deutschland, Bonn, 2008

Bundesamt für Bauwesen und Raumordnung und Stiftung Haus der Geschichte der Bundesrepublik Deutschland (Hrsg.), Der Regierungsbunker, Berlin, 2007

Bundesvermögensamt Koblenz, Ehemaliger Ausweichsitz der Vergassungsorgane des Bundes 53507 Marienthal, Exposé, Koblenz, 1998

Diester, Jörg, Geheimakte Regierungsbunker, Düsseldorf, 2008

Formanski, Siegfried, Ein Bahnhof für Rheinbach, Rheinbach, 2005

Garbe, Horst, Der Regierungsbunker AdVB ohne Zukunft? Sonderband 27 des Deutschen Atlantikwall-Archivs, 2. Auflage, Köln, 2007

Grieger, Manfred, „Rebstock“ und „Rebstock (Stephan)“ zwei Außenlager im Konzentrationslager-System bei Marienthal-Dernau, August bis Dezember 1944. Landeszentrale Politische Bildung Rheinland-Pfalz, 2021

Gückelhorn, Wolfgang, „Das Lager Rebstock 1943/44 - Rüstungsbetrieb und KZ im Ahrtal“ in: Blätter zum Land, NS-Dokumentationszentrum Rheinland Pfalz (Hrsg.) u. Landezentrale Politische Bildung Rheinland-Pfalz, Osthofen, 2016

Henning, Herbert, Der Regierungsbunker im Ahrtal – Marienthal als „Regierungssitz“, in: Heimatjahrbuch Ahrweiler 2004

Hollunder, Heike, Dokumentationsstätte Regierungsbunker. Ein Museumsführer (nicht nur) für junge Leute, Jünkerath, 2019

Janta, Leonhard, Militarisierung-Kriegsvorbereitung-Zweiter Weltkrieg 1939-1945 in: Kreis Ahrweiler unter dem Hakenkreuz, Studien zu Vergangenheit und Gegenwart Band 2, Bad Neuenahr-Ahrweiler, 1989

Janta, Leonhard, Der Regierungsbunker im Ahrtal, in Ausstellungskatalog „Fotografien von Werner Mertens aus dem ehemaligen „Ausweichsitz der Verfassungsorgane des Bundes“, Museum der Stadt Bad Neuenahr-Ahreiler 2001, Bad Neuenahr-Ahrweiler, 2001

Kemp, Klaus, Die Ahrtalbahnen, Freiburg, 1983

Kogon, Eugen, Der SS-Staat, München, 1995

Lacoste, Werner/Skibbe, Peter, Ausweichsitz der Verfassungsorgane des Bundes – Der Bunker im Ahrtal und seine Geschichte, Sonderdruck: fortifikation special 2, Berllin, 2000

Landler, Mark, In Idyllic Vineyards, a German „Dr. Strangelove“ Secret, in: The New York Times, 27.11.2006

Preute, Michael, Vom Bunker der Bundesregierung, Köln, 1984

Reiche, Jürgen, Festung des Atomzeitalters, Bundesamt für Bauwesen und Raumordnung, 2005

Schönewald, Heinz, Die Geschichte der Ahrtalbahn, Jünkerath, 2020

Heimatverein „Alt-Ahrweiler e.V.“

Die Trägerschaft der „Dokumentationsstätte Regierungsbunker“ liegt seit ihrer Eröffnung in Händen des Heimatvereins Alt Ahrweiler. Als wohl einmaligen Fall in Deutschland hat damit ein ehrenamtlich tätiger Verein die Trägerschaft für eine bundeseigene Liegenschaft übernommen.

Gegründet wurde der Verein 1949 von heimatverbundenen Bürgern der damals noch selbständigen Stadt Ahrweiler. In der Gründungsversammlung wurde Stadtbürgermeister Christian Ulrich zum ersten Vorsitzenden gewählt.

Einer der Anlässe die zur Vereinsgründung führten, war der aufwändige Wiederaufbau des im Krieg stark zerstörten Ahrtors. Zahlreiche Spenden der Vereinsmitglieder trugen dazu bei, dass das größte Ahrweiler Stadttor, 13 Jahre nach seiner Zerstörung 1958, wieder im Originalzustand hergestellt war.

Gemäß seiner Satzung widmet sich der Heimatverein der Förderung und Erhaltung des heimischen Brauchtums.

Heimatverein „Alt-Ahrweiler e. V.“
Marktplatz 11 • 53474 Bad Neuenahr-Ahrweiler
regierungsbunker@alt-ahrweiler.de
www.alt-ahrweiler.de

Eckart Hachfeld (1910-1994)
Amadeus geht durchs Land

Gegen die Atomgefahr
steht ein Bunker an der Ahr,
doch von uns kommt keiner rein,
dafür sind wir viel zu klein.

Die Regierung und ein paar noch
kriechen in das Kanzler-Ahrloch
in dem löblichen Bestreben,
die Nation zu überleben.

Dort kriegt unser Kabinett
weiter ordenlich sein Fett:
Für zwei Jahre reicht der Schmaus
in dem Maulwurfshügel aus.

Amadeus stellt die Frage:
Sagt, wofür sich untertage
diese Herren derart quälen -
wer wird sie denn wiederwählen?

Hoch über Ahrweiler liegt die Dokumentationsstätte Regierungsbunker. Der Fußweg vom Parkplatz unten links verläuft über der alten Bahntrasse

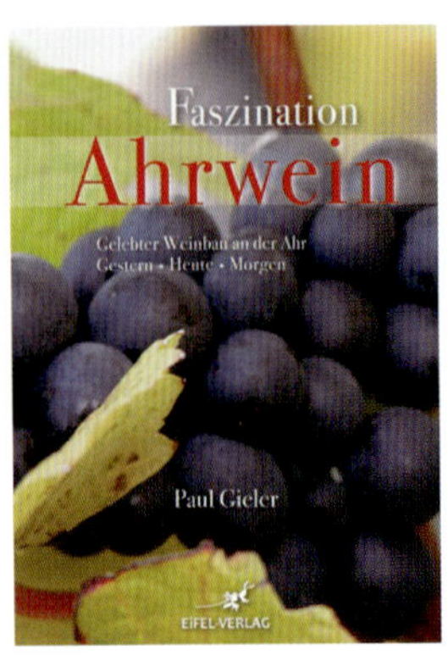

Faszination Ahrwein

Gelebter Weinbau an der Ahr
Gestern - Heute - Morgen

Paul Gieler

23 x 16,5 cm, Hardcover, 256 Seiten
ISBN 978-3-943123-41-8
19,90 €

Der gelernte Winzer und Mitinitiator des seit Jahren erfolgreichen „Gesprächskreises Ahrwein" präsentiert ein Füllhorn mit Ahrweinwissen in einem „Cuvée" aus profunder Fachkompetenz und persönlichen Erlebnissen rund um den Ahrwein, das selbst Kenner des Ahrweines verblüffen dürfte. Gielers historische Abhandlung des Weinbaues bietet eine lückenlose Geschichte des Ahrweines mit Perspektiven für die Zukunft.

Der Autor schöpft aus einem reichhaltigen Netzwerk von Winzern, Wissenschaftlern, Medizinern und Weinbautechnikern. Die Ergebnisse seiner Recherchen verknüpfen Wissen auf eine leicht lesbare Art mit teils neuen, zum Nachdenken anregenden Theorien. Originell: Gielers Interview mit einer Weinrebe. Fazit: Empfehlenswerte, reich bebilderte Lektüre mit seltenen Fotografien nicht nur für Weinkenner und solche, die es werden wollen. Denn: Mit Weinwissen schmeckt der Wein aus dem Ahrtal noch besser.

50 Entdeckungen im Ahrtal

Eine Reise durch eine besondere Kulturlandschaft
- von der Quelle bis zur Mündung

Karin Joachim

2. aktualisierte Auflage 2021
20 x 12,5 cm, 176 Seiten, Broschur
ISBN 978-3-943123-38-8
12,90 €

Dieser Titel wurde kurz vor der tragischen Flutkatastrophe im Juli 2021 aktualisiert. Einige Punkte existieren leider nicht mehr, dennoch vermittelt das Buch nach wie vor einen umfangreichen Einstieg in die besondere Kulturlandschaft Ahrtal. Mehr Informationen zu den von der Flut betroffenen Objekten finden Sie unter >> www.eifel-verlag.de.

Nach wie vor aber gilt: Auf 83,1 km kommt die Ahr an zahlreichen Orten vorbei, begegneet historischen Gebäuden, durchfließt liebliche Auen und tiefe, schroffe Felsentäler. Sie gibt dem berühmten Rotwein seinen Namen, auch Dörfern und Städten an ihrem Lauf und: sie formte die Landschaft zu einer einzigartigen Landschaft.

Der Rhein in alten Luftaufnahmen

Teil 1:
Der Mittelrhein
von Eltville bis Bonn

Hrsg.: Matthias Meusch im Auftrag des Landesarchiv NRW und der Gesellschaft für Rheinische Geschichtskunde

23 x 30 cm, Hardcover,
176 Seiten, 175 Abb.
ISBN 978-3-935873-61-1
29,90 €

Teil 2:
Kölner Bucht und Niederrhein,
von Brühl bis Emmerich

Hrsg.: Matthias Meusch im Auftrag des Landesarchiv NRW und der Gesellschaft für Rheinische Geschichtskunde
Mit einem Vorwort von Marco Rasch

23 x 30 cm, Hardcover,
176 Seiten, 170 Abb.
ISBN 978-3-935873-65-9
29,90 €

Beide Bände zeigen einen besonderen Bilderschatz aus dem Landesarchiv NRW. Die hochwertigen Schrägluftaufnahmen aus den 1920er- und 1930er-Jahren entführen auf eine besondere Zeitreise über den Rhein. Mit Plattenkameras noch vielfach auf Glasplattennegativen aufgenommen, bestechen die Abbildungen durch Schärfe und Brillianz.
Zugleich dokumentieren diese Fotos den Wandel, den die Regionen in knapp 100 Jahren erfahren haben. Sie führen dem Betrachter buchstäblich vor Augen, welche Veränderungen durch Krieg und wirtschaftlichem Wandel eingetreten sind.

Die Eifel in alten Luftaufnahmen

Hrsg. Matthias Meusch

22 x 30 cm, 176 Seiten, 174 Abb., Hardcover
ISBN 978-3-943123-26-5
19,90 €

Gerade einmal ein gutes Menschenalter, so etwa 80 bis 90 Jahre, ist es her, als die Luftaufnahmen entstanden, die Eingang in dieses Buch fanden. Dieser bisher nicht publizierte Bestand aus dem Landesarchiv NRW entpuppt sich als wahrer Schatz. Die Fotos zeigen vergangene Orts- und Landschaftsbilder der Eifel und dokumentieren den Wandel, den diese Region seitdem erfahren hat. Die Aufnahmen entstanden zwischen 1927 und 1938; sie dienten als Vorlagen für Ansichtskarten, Kalender, Bildbände, Broschüren oder Werbeprospekte oder wurden zu Zwecken der Raum- und Landesplanung herangezogen.

155 Abbildungen sind für dieses Buch ausgewählt worden. Die meisten wurden in den frühen 1930er Jahren aufgenommen, vielfach noch auf Glasplattennegativen, und entführen auf eine faszinierende Zeitreise durch die Eifel.

Dokumentationsstätte Regierungsbunker

Ein Museumsführer (nicht nur) für junge Leute
von Heike Hollunder

21 x 14,8 cm, 64 Seiten, 86 Abb., Broschur
ISBN 978-3-943123-19-7
5,- €

Das Geschichte aus Geschichten besteht, die auch für junge Leser interessant und spannend erzählt werden können, verdeutlicht dieser Museumsführer über den ehemaligen Regierungsbunker.
Zahlreiche Zeitzeugen berichten über ihre Erfahrungen und Erlebnisse rund um den Regierungsbunker und geben ihm so ein Gesicht: Dr. Hans Walter zum Beispiel, der als Bunkerarchitekt erzählt, welche Herausforderung die Planung dieser Anlage in den 1960er-Jahren gewesen ist. Ergänzt werden seine Erinnerungen durch die von Lore Berthel, seiner langjährigen Sekretärin in der Bauleitung. Oder Paul Groß, er verbrachte 36 Jahre als Mitarbeiter im Regierungsbunker und schildert, wie das Thema Geheimhaltung sein Leben beeinflusste. Wolfgang Müller berichtet als mehrmaliger NATO-Übungsteilnehmer vom Leben im Bunker, abgeschieden von Tageslicht und Zeitgefühl, während der alle zwei Jahre stattfindenden Übungen. Und Hardy Rackow, der maßgeblich am Rückbau der Anlage beteiligt war, gibt einen Einblick in seine Arbeit, nachdem das Bundeskabinett 1997 die Aufgabe des Regierungsbunkers beschlossen hatte.